斎藤一人 ハッピーワープ！

楽しく笑って生きれば家族も仲間も次元上昇する

舛岡はなゑ 著

ライトワーカー

お師匠さんからの「推薦の言葉」

こんにちは、斎藤一人です。

私のお弟子さんである舛岡はなゑさんが、素晴らしい本を書いてくれました。

あなたの人生は、あなたの思いひとつでいくらでも変えられる。

好きなことをして楽しく生きていれば絶対に成功できるし、幸せになれるよ。

っていう一人さんの教えを、新しい時代にぴったりの、楽しい視点でわかりやすく伝えてくれています。

ほかにはない、とてもいい本です。

ぜひ、楽しく読んでください。

斎藤一人

はじめに

感謝しています！　舛岡はなゑです。

みなさんは、こんなふうに思うことがありませんか？

「私の人生は、なぜこんなにつまらないの？」

「嫌なことばかりで、生きるのがつらい……」

「こんな人生を送るはずじゃなかったのに、どこで道を間違えたんだろう」

おそらく誰でも、大なり小なりそんな気持ちになったことがあるのではないでしょうか。

では、どうしてあなたは理想と違う人生を歩んでいるのか。

その原因を、ズバリ言いますね。

あなたの「思い」が重いから。


思いというのは、あなたの考え方や感情のこと。

それが、あなたの人生を決めているのです。

簡単に言うと、

「**ものごとを明るく考えられたら、ハッピーな人生になる**」

「**ネガティブな重い感情を持っていると、人生はどんどん不幸になる**」

というわけです。


明るい感情は、「**明るい＝あ、かるい（軽い）**」と書き換えられるように、ふわっと軽やか。何でも気楽に、軽く考えられる人は、楽しい出来事を引き寄せます。

その反対に、重苦しい、暗い感情は嫌な出来事を引き寄せるのです。

地球には「重いものは落下する」という重力の法則がありますが、それと同じように、思いが人生をつくるのはこの世の大原則。自然の摂理なんですね。

ですから、**あなたの思いが軽くなれば、間違いなくあなたの人生は好転します**。


私の両親は明るく楽天的なタイプだったので、もともと私は、自由に伸び伸びと育てられました。おかげで私は、子どものころからほとんどネガティブな感情を持ったことはありません。

さらに、20代で師匠の斎藤一人さん（※）と出会ってからは、

「好きなことをして楽しく生きな」

「我慢はダメだよ」

「立派に生きなくていいからね」

ということを教わり、ますます私の人生は気楽で楽しいものになりました。

その結果どうなったかというと、誰もがうらやむような「超ハッピーな人生」

を手に入れたのです。
自分で言っちゃいますが（笑）、普通では考えられないくらいツイています。
クジを引けば数百人の中から一等をゲットしたり、何度も連続で当選したり。
何をしても、驚異的にうまくいくのです。
仕事もプライベートも、１００点満点……いえ、１０００点満点です！
でも私がこんなに豊かで幸せなのは、特別な人間だからではありません。
思いが変わりさえすれば、誰でも私のように大大大満足の人生を手に入れられます。

本書は、あなたの固定観念を打ち壊し、もっと楽しく、軽い思考にスイッチングするためのガイドブックです。
もしかしたら常識破りの観点に驚かれるかもしれませんが、「でも……」「そうは言うけど……」といった否定の感情はちょっと脇に置き、「そういう考え方もあるんだなぁ」という思いで読み進んでみてください。
それが、思いを大きく変える第一歩。
今ここから、あなたにも奇跡の人生が始まるのです。

令和2年9月吉日　舛岡はなゑ

（※）サプリメントや化粧品の製造・販売を手がける「銀座まるかん」創設者。1993年以来、全国高額納税者番付（総合）の10位以内にただ1人、毎年連続でランクインし、2003年には累計納税額で日本一になる。

斎藤一人 ハッピー・ワープ! もくじ

第2章

天国か地獄かはあなたの意識で決まる

第3章 人生がもっと楽しくなる「この世の仕組み」

第4章 我慢をやめてスカッと生きれば運気↗↗

第5章 あなたの軽～い気持ちがユートピアをつくる

第1章

心が軽くなれば時空を飛び超える！

一人さんは人間の体を持つ宇宙人!?

2019年ごろ、私は海外に少し遊びに出かけていたのですが、師匠である斎藤一人さんの教えが、もっともっと深くわかったような気がします。

現地での体験を通じ、一人さんからも「意識（思い）が拡大したみたいだな」と言ってもらっているのですが、確かに私の波動（周波数）も、以前よりずっとパワーアップしているみたいなのです。

私は自分の会社（銀座まるかん正規販売代理店）を経営するかたわら、一人さんの教えを伝える講演会を全国で行っています。

そこには「人のオーラが見える」「神様の光が見える」などの不思議な能力を持つ人がたまにいらっしゃるのですが、そういうかたがたからこんなことをよく言われるようになりました。

「このごろ、はなゑさんのオーラがものすごく力強いです!」

「はなゑさんから金色の光が出ている!」

そこでまずは、ここ1年くらいで私が得た学びをみなさんとシェアしていきたいと思います。

2019年8月に、私はアメリカのロサンゼルスを訪れました。

日本人ばかりの、40人ほどの「バシャール・ツアー」に参加したんですね。

バシャールというのは、300年先の宇宙にいる意識存在で、地球の時間でいうと3000年未来の意識なんだとか。

ちょっと難しいので、ひとまず「宇宙人さん」と思っていただければOKです。

バシャール・ツアーというのは、この宇宙人さんに話を聞きに行くツアーです。

ちなみにバシャールは宇宙人の姿形で現れるのではなく、ダリル・アンカさんというアメリカ人男性の体を介して、地球に住む私たちにメッセージを届けてくれます（怪しくて、楽しそうでしょう?・）。

いろんな本を通じ、私は30年ほど前からバシャールの存在を知っていました。人間にはとうてい考えつかないようなメッセージに心を奪われ、すごい存在だなぁと思っていたんですね。

でも、気づいてしまったのです。

バシャールは3000年先の意識だけど、師匠の一人さんは、今現在、私たちの住むこの地球で肉体を持ったまま、3000年先の意識を持っているぞって（笑）。

バシャールのメッセージはとても興味深いのですが、考えてみれば、どれも基本は一人さんの教えと同じなんですよね。

というより、バシャールのメッセージは素晴らしいけど、一人さんの教えの方がより地球的なんですよね。

一人さんの教えはもっと現実的だし、学べば学ぶほど、その奥深さに驚かされます。

そんな意識を持つ存在が、今ここに、肉体を持って生きている！

これって、本当にスゴいことですよね。

だから私はバシャールのこともリスペクトしているし大好きですが、一人さんはそれ以上の存在だと思うのです。

一人さんほどこの世界をハッピーにするための知恵や学びを持つ人は、間違いなくほかにいないと私は思っています。

バシャールは肉体を持たない宇宙人ですが、一人さんは人間の体を持つ宇宙人じゃないかって。

今ここに過去も未来も同時に存在している

ツアーに参加していたある女性が、バシャールにこんな質問をしました。

「私は散歩をしている時に、ワープしたことがあります。

1時間は歩かなければたどり着けないはずの場所に、瞬間的に移動したのです。

絶対に嘘じゃないし、私は瞬間移動をしたことに確信を持っています。

でも、この話を誰にしても信じてもらえませんし、私の身に何が起きたのか教えてくれる人もいないのです。

私のこの体験がどういうことか、バシャールにお聞きしたくて参加しました」

この質問に対し、バシャールからは次のような返答がありました。

「それは特別な体験ではありません。

今この現在に、過去も未来も同時に存在している。

あなたの意識がそのことを理解できるようになったから、そういう体験をしただけ。

ただ『あなたの意識が広がりました』ということを知らせるサインのようなものので、特別なことではないのです」

それを聞いた時、私は「あぁ、私はこの答えを聞くために、バシャール・ツアーに参加したんだ」と確信したのです。

私も時空を飛び超えていた！

そういえば従妹のお姉さんも、「子どもの時にワープしたことがあるんだよ」と言っていました。

ある日お姉さんは、自宅の木戸門《きどもん》が閉まって家の中に入れなくなってしまったことがあるそうです。でもその時に「家に入りたい！」と強く願ったら、次の瞬間、家の中にいたのだと言います。

そんなふうに時空を飛び超えたのは、お姉さんの意識が無邪気な子どもみたいだったからなんだろうな――（この理由は読み進んでいただけるとわかります）。

そう思った瞬間、「あっ！」と思い出しました。

私自身も、不思議な体験をしていたのです。

あれは私が中学生の時です。

流行りのラジオ番組を聴いていたのですが、番組が終わって少し経つと、また同じ番組が流れ始めました。

あれ、今日は2回放送があるのかな？

そう思いながら聴いていると、ＤＪの話す内容から流れる音楽まで、何から何までさっきと同じ。

再放送にしてはあまりにも早すぎるタイミングだし、番組表にも再放送があるとは書かれていません。それなら、放送事故でしょうか。

ところが翌日学校で友達に聞いても、みんな「放送事故なんてなかったよ」「2回も放送されてないよ」と言うのです。

大人になるまですっかり忘れていたのですが、考えてみれば、あのころから私は不思議な体験をしていたのですね。

自由に生きると5次元の意識になる

バシャール・ツアーで聞いた女性の話や、従妹のお姉さんの体験、そして私自身に起きた出来事から考えると、時空を超えるのって、もしかしたらそう珍しいことではないのかもしれません。

昔、『バック・トゥ・ザ・フューチャー』という、タイムマシンに乗って時空を移動するＳＦ映画がありました。

映画の中では、ワープの際に電磁波みたいなものがバチバチってショートして体に衝撃を受けたりしていました。

だけど実際は映画とは違って、ごく自然に、一瞬にしてワープする。

だから自分でも気づかないだけで、**実は多くの人が、日常的にポンポン時空を超えている**のではないでしょうか。


じゃあ、時空を超えるきっかけは何なのか、という話になるのですが。

結論から言いますね。

自分の意識です。

私は、これが時空を瞬間移動する引き金になると考えます。

先ほどのバシャールの回答に、こんなメッセージがありましたね。

「今ここに、過去も未来も同時にある。自分の意識がそれを理解できたお知らせとして、時空を超える体験をした」

この意味を私なりに解釈すると、こうです。


まずは「人間は3次元の世界（私たちが住んでいるこの物質の世界。すでに4次元という人もいる）にだけ縛られているのではない」という感覚を、なんとなく持っていることです。

つまり、唯物論者でないこと。

なぜなら、自分がありえないと思い込んでいることは起こりづらいからです。

時空を飛び超えるには、どうやら5次元の世界（魂や亡くなった人の世界）を柔軟に受け入れていることが大事なのかな、と私は思っています。

そしてその5次元の意識とは、ワクワク楽しい、なんだかうまくいってる、そんな軽やかな気持ちなんじゃないかなって。

人は「あの世」から「この世」に生まれてくる時に、
「今世は、どんな経験ができるんだろう?　どんな楽しいことがあるんだろう?・」
という、喜びいっぱいの意識を持っています。

あの世にいる時の意識をそのまま持って生まれてくるわけです。

ところが生まれた後には、周りの大人たちから「それはダメ」「あれはダメ」と、いろんな常識や観念を植えつけられる。

そうやって抑圧されるうちに、人生はつらいものだとか、生きるのは大変だという、3次元の世界にどっぷり浸かってしまうんですね。

こうして5次元の意識を忘れ去り、時空を超えることもできなくなるのではないか、と思うのです。

その点から言うと、私は自由な両親のおかげで、子どものころからほとんど抑圧を受けずに育ちました。

多くの子どもって、「もっとがんばりなさい」「なんでできないの？」みたいなことを親に言われると思うのですが、うちでは親にそんなことを言われたことがありません。

「お前たち（兄と私）は、好きに生きるんだぞ」

そう言われて育ちましたから、意識はずっと生まれた時のまま。

だから私は昔から自分のことが大好きだし、この世界は何て楽しいところなんだろうってずっと思ってきました。

もちろん、今もそうです。

物質の世界をしっかり認識しつつも、5次元の感覚で生きている。

そういう私だからこそ、不思議な出来事が繰り返し起きるのかもしれません。

不思議なことは深く考えちゃいけない

さらにはっきりと、時空を超えたことを認識した体験があります。

20年ほど前、一人さんとみっちゃん（一人さんの弟子・みっちゃん先生）と3人で一緒にいる時に起きた、こんな出来事です。

その日私たちは、まゆみさん（一人さんの弟子・宮本真由美さん）から売り上げ報告書がＦＡＸで届くのを待っていました。

まるかんでは毎日売上げ報告をすることになっているので、その書類を待っていたんですね。

無事にＦＡＸが届いたため、３人で内容を確認し、いつも通りＯＫとなりました。

ところがその翌日にまゆみさんから届いたＦＡＸを見ると、前日送られてきた内容とまったく同じなのです。

この日も一人さんやみっちゃんと一緒にいて、3人で書類を確認しましたから、こちらの勘違いではありません。

すぐにまゆみさんに連絡を入れ、

「間違えて昨日の売上げ報告書が届いちゃってるよ」

と伝えたのですが、まゆみさんからはこう返ってきました。

「はなちゃん何言ってるの？　それ、今日の分だよ。毎日、前日までの報告書に書き足したものを送っているから、昨日の報告書はもうないんだよ。

昨日の報告書と同じ数字のはずがないでしょう？」

どこまでも話がかみ合わず、いくら説明しても伝わらない（笑）。

一人さん、みっちゃん、そして私の3人は、キツネにつままれたように、思わず顔を見合わせました。

どうやら私たち3人は、昨日のFAXを受信した時間を二度体験してしまったようです。

でもね、一人さんはいつも言うんです。

「不思議なことは、深く考えたり、議論したりしちゃいけないよ。だから『不思議（思ったり、議論したりすることは不可の意味）』っていうんだよ」

あれこれ詮索して否定する人には、奇跡みたいなことも起きにくくなるのだそう。

だからこの時も、「うん、不思議だね」と顔を見合わせて終わり（笑）。

頭で理解しようと思っても難しいことは、そういうこともあるんだなぁと、軽い気持ちで楽しめばいいのです。

そしてそれが、5次元の意識を失わない秘訣でもあるんですよね。

時間とは「あるようでない」もの

その後も、いろんなことが起きました。

みんなでドライブに行こうと約束をして、まるかん本社の前に集まった時のこと。

なぜか突然、一人さんの腕時計のベルトが外れてしまったんですね。

金属ベルトのネジが外れ、なんと時計がバラバラに……。

細かい部品が道路に散らばったため、すぐにみんなでそれらを拾い集めました。

幸い、ほとんどの部品は見つかったのですが、確認してみると小さなネジが1つ欠けています。

それが、どんなに探しても見つかりません。

この時は一人さんが「もういいよ、時計屋さんに行けば修理してもらえるから」

と言うので、部品を探すのは諦め、予定通りみんなでドライブに出かけたんですね。

ドライブの途中、千葉県の佐倉という駅の外にある、公衆トイレに立ち寄りました。

そこは初めて利用したトイレなのですが、一人さんが中に入った瞬間、手洗い場にきらっと光るものが見えます。

何だろうと近寄ってみると、そこにあるのは小さなネジ。

一人さんは直感で、「俺のだ」とわかったそうです。

車に持ち帰って確認すると、やはりさっきバラバラになった時計のネジでした。

こうして時計は元通りになり、今も一人さんはその時計を愛用しています。

私自身にも、似たような体験があります。

ある日、いつも持ち歩いているメガネがどうしても見つからないことがありました。

バッグに入れたはずなのに、なぜか見当たらない。

仕方なくその日は別のメガネを持って出かけたのですが、後日、なくなったメガネが、何度も探したバッグの中から出てきたのです。

そのメガネを見てビックリ！

壊した記憶もないのに、ツルの部分がポキッと折れていたのです。

もしかして、ツルの折れたメガネを持っていくと出先で困るから、このメガネが消えることで、別のメガネを持たせようとしてくれたの？

そうとしか思えない、不思議な出来事でした。

こうした体験を振り返り、私は、「時間というのは、あるようでないもの」かもしれないと実感しています。

そういえば、一人さんは昔から、「俺は今日が何月何日か、何曜日かもわからない」と言います。

実は私もそういうところがあるのですが、日付や曜日感覚って、もしかしたら5次元の意識をさえぎる感覚なのかもしれませんね。

日付や曜日は人間が考えた時間軸ですから、その感覚がしっかりしているのは、3次元の意識が強いことの表れと言えます。

そう考えると、一人さんや私がしょっちゅう「今日は何日？」「今日は何曜日？」と周りに聞くのは、5次元の意識で生きているせいだからしょうがないですよね（笑）。

モノも人も時空を飛び超えて……

こうしたお話を講演会でご紹介していると、あちこちから「私も、私も」というろんな体験談が届くようになりました。

ある女性は、こんな体験を教えてくれました。

彼女は小学校の時に大好きな先生がいたのですが、ある時、その先生が体育の授業で使っている笛がなくなったそうです。

みんなで探したのですが、どうしても見つかりません。

そのうちに彼女は家の都合で転校することになり、笛の行方は知らないまま。

ところが、それから20年ほど経ったある日のことです。

すでに結婚していた彼女が、嫁ぎ先で何気なく引き出しを開けたところ、なんとそこにあったのは、小学校の時の先生がなくしたのとそっくりな笛！

とても変わった形の笛だったので、20年前のことでもよく覚えていたらしいのです。

驚いて、家の人に「これは誰の笛？」と聞いてみると、誰もその笛のことは知りません。

変だなぁと思いながら彼女はそのまま笛を引き出しに戻したのですが、その笛もいつの間にか消えてしまい、どこへいったのかわからないそうです。


最近では、こんな男性の話も聞きました。

目の前で事故に遭いそうになった男の子がいたので、とっさにその子を助けたらしいんですね。

その瞬間、子どものころの記憶がパッとよみがえった。

「同じような場面を知っている！」

実は自分自身も子どもの時に事故に遭いそうになり、間一髪である男性に救われたことがあったのです。

自分が助けたのは、子どもの時の自分だったんだ！

そのことがハッキリとわかり、とても不思議な感覚になったそうです。

これらのほかにも、

「自殺未遂をした時に、未来の自分が助けてくれた」

「外出中になくしたメガネが、通ってもいない道に落ちていた」

など、モノや自分が時空を飛び超えたとしか思えない体験談がいくつもあります。

今日、ここで私は生まれ変わりました!

私の講演会では、多くのかたが次々とハッピーになっていきます。

不幸な世界にいた人が、幸せな世界へワープしていくんですね。

講演会が終わった後にワープされるかたもいますが、**講演会の途中でも、みんなじゃんじゃん次元を飛び超えます。**

例えば、瞑想状態になって学びを得るワークタイムの中では、参加者にいろいろなことが起きます。

亡くなった人やペット、前世の自分に会った。

大切な人の魂と会話をした。

会ったこともないご先祖様からメッセージをもらった。

インナーチャイルド（傷ついている小さいころの自分）が出てきて癒された。

パートナーとの不思議なご縁の意味がわかった……などなど。


ある女性は、自分の魂が「罪悪感は捨てた！」と叫んだら、ご先祖様たちがワーッと出てきて、一斉に「やった〜！」って拍手喝采してくれたそうです。

ワーク中に、地球を2周したというかたもいます。

もちろん、私が催眠術をかけたりしているわけじゃありません（笑）。

みんな勝手に、異次元の世界と交流しているんですね。


ある講演会では、Aさんという女性からこんな体験談をいただきました。

Aさんはこれまでずっと、「なぜ自分なんかが生まれてきたんだろう」と思いながら生きてきたそうです。

その考えは間違っていると頭では理解できても、どうしても「自分なんて……」という思いがぬぐい切れない。

自分は間違えて生まれた存在としか思えず、どうしようもなく悩み続けていたと言います。

そんなAさんがワークタイムで見たのは、生まれる前の自分でした。

Aさんの魂は空の上にいて、地球で暮らしている両親を見ながらこう思いました。

「私はあのお母さんを助けに行かなきゃ！」

そして、ワクワクしながら自らお母さんのお腹に飛び込んだのです。

この景色が見えた瞬間、「今までの私は、なぜ自分の存在にあれほど疑問を抱いていたんだろう」と目が覚めたそうです。

そして、みんなの前でこう宣言してくれました。

「今日、ここで私は生まれ変わりました！」

次元が変わる瞬間をとらえた写真!?

最近、私は自分のスマートフォンに保存している写真を整理していて、気づいたことがあります。

写真を見ていると、たまにトリックアートみたいな不思議な画像があるのです。言葉ではうまく説明できないのですが、一部にモザイクがかけられたような写真や、一部だけ別の世界が貼りつけられたような写真です。

あるお寺で撮影したお堂の写真は、その一部が完全に別の画像と入れ替わっています。

入れ替わった部分は、カセットテープのような、ナスカの地上絵（古代に刻まれたと言われる、ペルーの砂漠地帯に描かれた巨大な地上絵）のような、何とも不思議な画像です。

また、ほかの人が撮ってくれたものの中にも、なぜか私が2人写っていたり、私の頭や顔が半分切れたりしている写真があります。

2019年10月にはイスラエル旅行をしたのですが、その時、石（イエス・キリストが十字架にかけられ、死後に寝かされたと言われる石）の上に手をかざして撮った写真も不思議なのです。

お寺にナスカの地上絵が!?
鳥取県の宇部神社にて

私が2人!?　宮城県の定義山 西方寺にて

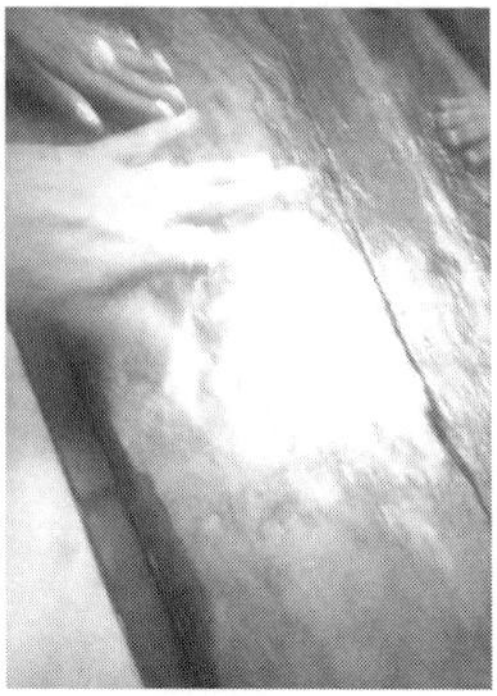

石に溶け込んだ手

隣にいるマキさん（私の会社の部長・稲邉真貴さん）の手は普通に写っているのに、なぜか私の手はその石に溶け込んでしまっているのです。

不思議ではありますが、どの写真も心霊写真のような怖い印象は少しもありません。

撮ったものすべてが不思議な写真であれば、カメラの不調だと思います。でも普通に撮れる写真の方が多いことから考えると、カメラの故障ではありません。

もちろん、自分で意図的に不思議な写真を撮ろうとしても無理です。

実はこうした不思議な写真が撮れた時のことを思い返すと、共通点があるんですね。

それは、私が最高にワクワク楽しんでいる時や、いい意味でドキドキしたり、気分が高揚したりしている時に撮ったものばかりだということ。

とすると、これは私の想像ではありますが、不思議な写真の数々は、次元が変わる瞬間を撮ったものかもしれないのです。

むしろ、そうとしか思えないんですよね。

私はいつも一人さんのそばにいるので、普段からよく不思議な体験をします。

先ほどのFAXの話や、時計の話からもわかるように、一人さんには奇跡みたいなことがごく普通に起きますから。

写真を撮れば、龍神様(古来、日本で信仰されてきた神様)がさまざまな色の光となって写り込んだりもします。

ここ最近、特に私たちの周りには、龍神様が頻繁に現れているような気がしてなりません。

何が言いたいのかというと、今**これほどたくさん不思議な写真が撮れるのは、私たちが頻繁に次元上昇を繰り返している**ということではないかと思うのです。

考えてみると、不思議な写真がよく撮れるようになったあたりから、私の「もっと自分の意識を拡大したい」という思いが強くなりましたし、海外へ学びの旅に出ることも増えました。

とすると、私が目覚めのきっかけを得るたびに、次元がグングン上昇しているのかもしれませんね。

そう思うと、これから自分の寿命が尽きるまでの間にどこまで上昇できるのか。

師匠の一人さんの次元に、どこまで近づけるのか。

ますます人生が面白くなってくるのです♪

コラム

手から癒しのパワーが⁉

私は子どものころから不思議な体験をよくしていますが、もうひとつエピソードをご紹介します。

中学生だったある日、自宅のリビングの電気のところを、ウスバカゲロウが飛んでいました。

何の気なしに見ていると、ウスバカゲロウはだんだん弱って、静かにすーっと落ちていった。

しばらくじゅうたんの上でパタパタともがいていたのですが、やがてピクリとも動かなくなったのです。

それを見た私は、なぜか生き返るような気がして、ウスバカゲロウにそっと手をかざしてみたんですね。

するとウスバカゲロウが少しずつ動き出し、生き返って、パッと飛んで行きました。

今でも、私が「美開運メイク」をして差し上げると、インナーチャイルドが癒されたり、涙が止まらなくなったり、痛みが取れたりするかたがいます。きっと子どものころから手から癒しのパワーが出ていたのですね。

第2章

天国か地獄かはあなたの意識で決まる

意識が変わって幸せな世界へワープ！

私の講演会で行うワークって、ちょっと変わっていて楽しいんですね（笑）。

どんなことをするのかは後ほど詳しくご紹介しますが、子どもみたいな無邪気で楽しい気持ちになるように、心のモヤモヤをお掃除するものです。

ワークをすると、

「自分を大事にする」
「自分を好きになる」
「そのままの自分でいい」

そのことを本質的に理解し、ワクワク楽しむことを自分にゆるせるようになります。

それまでとは意識がガラッと変わるわけです。

意識が変われば、それがきっかけとなって次元も変わります。

ちなみに一人さんはいつも、「人生は波動」と言います。

波動には「同じ振動数のものが引き合う」という性質があるため、自分がどんな波動を出しているかで人生が決まるという意味です。

「明るく楽しい波動を出せば、幸せな人生になる」
「暗くネガティブな波動を出せば、不幸な人生になる」

これが波動の法則です。

波動は意識によって変わるものですから、意識が変わると違う世界へワープするというのは、この「波動の法則」と同じことなんですね。

ある女性は父親と折り合いが悪く、一緒に住んでいるにもかかわらずもう20年以上も会話のない状態が続いていたそうです。

ところが私の講演会に参加した次の日から、急にお父さんが話しかけてくるようになったのだとか。

お父さんが、まるで別人になったみたいでした。

もちろんお父さんは、自分の娘が私の講演会へ行ったことも知りませんし、その講演会でどんな話を聞いてきたのか、何を学んだのかなど知るよしもありません。

それなのに突然フレンドリーになって、今ではとてもいい親子関係だそうです。

これはきっと、女性の意識が変わったことで「明るくて優しいお父さんのいる世界」にワープしたということなのでしょう。

ほかにも、

「旅行を楽しんで帰ってきたら、嫌な同僚が退職することになっていた」

「急に上司が優しくなった」

「ろくに生活費すらくれなかったケチな旦那が、はじめてお小遣いをくれた」

「親の病気がよくなった」

「子どもの引きこもりが改善された」

といったエピソードは枚挙にいとまがありません。

みんな見事に、自分に都合のいい世界にワープしていますよね。

心が軽やかになるだけで、このような奇跡が誰の人生にも起きるのです。

20年越しに出てきた4000万円の遺産

みんなも大好きなお金の話をしますね（笑）。

ある若い女性は3歳くらいの時に両親を亡くしているのですが、育ての親に遠慮して生きてきたのか、何でもきちんとできない自分をダメだと思い込んでしまいました。

こんな自分は生きている価値がない。

そうやって自分を責めて、責めて、心の病になってしまったのです。

自分のことが大嫌いで、どうしようもなく苦しんでいました。

彼女が講演会にくるたびに、私はこんな言葉をかけました。

「あなたは少しも悪くないよ。自分はそのままでいいんだって思えばいいからね」

最初は自分を否定する気持ちが強すぎて、なかなか明るい気持ちにはなれません。

でも交際中の彼が「笑顔でそばにいてくれるだけでいい」と言ってくれたり、

嫌な会社を辞めて楽しく過ごしたりしているうちに、少しずつ心が軽くなっていきました。

するど……はい、次元上昇です（笑）。

はじめて私の講演会にいらっしゃって、1年ほど経ったころでしょうか。彼女が興奮気味に、こんな話を聞かせてくれたのです。

「急に両親の預金通帳が出てきて、2000万円ものお金が残されていたことがわかったんです！」

幸運はそれで終わりではありませんでした。

2000万円という遺産が発見された後しばらく経って、今度は1000万円が入った預金通帳まで出てきたそうです。

さらにさらに、まだ続きます。

彼女には両親が残してくれた家があったのですが、かなり老朽化していたため、売れないだろうなと思っていました。

それでも売却できたら御の字……と思って売りに出したところ、いい不動産屋さんが見つかり、なんと予想をはるかに上回る1000万円で売却できそうなのだとか。

自分を可愛がると、こんなに次々と宝物が出てくるんですよね。

ちなみに彼女はとっても美人で、仕事を辞めた後にインターネットで動画配信を始めたところ、多くのファンがついてくれたと言います。

今では、時給にすると2000円を上回る収入になっているのだとか。

そしてこのほど動画配信のことでタワーレコードからオファーがあり、渋谷の街頭大型ビジョンに彼女の姿が映し出されました。

4000万円もの遺産を手に入れたうえに、好きなことを仕事にし、大好きな彼ともうまくいっている。本当に幸せな毎日だそうです。

基本給2・5倍の楽しい職場に転職

もう1人、エピソードをご紹介しますね。

ある女性は、介護士さんとして忙しい毎日を送られていました。

彼女は私の講演会に参加されたことで、ふと気づいたそうです。

「自分を大事にしなきゃいけない」

「自分が粗末に扱われるような場所にいてはダメ」

そのことを学び、どうも自分は職場で粗末に扱われているような気がする、と。

そこで、上司である所長さんに聞きました。

「所長は私たち従業員のことを大事に思ってくださっていますか？」

するとあろうことか、所長さんはこう返したのです。

「なぜあなたたちのことを大事に思わなきゃいけないの？」

その瞬間、彼女は「私はここにいちゃいけない」と思い、勤めていた介護施設をスパッと辞めました。


次にその女性に会った時、仕事がどうなったか尋ねてみました。

すると、「面接を受けたけどダメでした……」とのこと。

私は、彼女にこう言いました。

「面接でダメだったのは、あなたが幸せになれるのはその職場ではないということ。

あなたにふさわしい別の場所が絶対に用意されているから、次からの面接もワクワクしながら受けてみて。

でね、新しい職場が見つかって勤めても、『あれ、やっぱり違う』と思ったらすぐ辞めていいんですよ。間違った時は一刻も早くその間違いに気づいて、人生をやり直すことが大事だから」

がんばり屋さんって、就職すると、少しくらい違和感があっても我慢しちゃうんですよね。

そうやって何年もつらい時間を過ごしてしまう。

でもいい加減、我慢はやめようよって。

再就職したところが嫌な職場だったら、「ここは違う」とさっさと次に行くこと。

それを「やっぱり私はダメな人間なんだ」なんて思って我慢するから、ますます嫌なことが起きるんですよね。

あるいは仕事を辞めるにしても、そういう暗い意識で転職したって、また嫌な職場に当たるだけです。

あなたが「私はダメだ」という意識でいる限り、いい職場には出会えません。

暗い波動からは、暗い現実しかもたらされないのです。

そんな話を彼女にしたところ、なんと次に合格した施設は最高の職場だったそう。

まず、基本給が以前の2・5倍!

日曜日や祝祭日はきっちり休みが取れるし、副業もOK。

なので、堂々とまるかんの特約店ができます(笑)。

それから、今の職場は保育園が併設されているため、すごく明るくて楽しい環境なのだと言います。

面接をしてくれた上司からも、こんな嬉しい言葉をもらったそうです。

「笑顔がとてもよかったから、あなたを採用したんですよ」

ちなみに、そこの所長さんはちょっと気難しいタイプらしいのですが、今、ほかの職員も目を丸くするほどいい人に変わりつつあるそうです(笑)。

21年前に生き別れた息子さんと奇跡のつながり

実は先ほどの女性は、この出来事の21年前に離婚しており、その時生き別れになった息子さんがいます。

事情があって自分からは会いに行けませんし、そもそもどこにいるかもわからず、連絡を取りたくても取れない状況でした。

それが数年前に、偶然、Facebook《フェイスブック》（世界中のユーザーと友達になれる、世界最大のソーシャル・ネットワーキング・サービス）で息子さんを見つけたそう。

もちろん自分からは連絡ができませんが、近況がわかるだけでも十分。

そんな気持ちで陰ながら息子さんを応援していました。

息子さんに子どもができたのを知った時は「私の孫が生まれた……」と喜びがあふれ、胸がいっぱいになったそうです。

そんなある日のこと。

彼女のFacebookに、あるメッセージが届きました。

「もしかして、お母さんですか?」

そう、息子さんからのメッセージです。

ただ遠くから見ているだけだった息子さんが、お母さんをFacebookで見つけ、メッセージを送ってくれたのです。

しかも、メッセージが届いたのは、5月5日の子どもの日。

理想的な職場に転職した、すぐ後のことでした。

喜びに震えながら、彼女が「お母さんよ!」と返すと、なんと息子さんは、「ずっとお母さんを探していたんだ。会いたいです」って。

こうして奇跡のつながりを持ち、今では頻繁に連絡を取り合っているそうです。

これは息子さんと話してわかったことなのですが、元旦那さんはいつも、息子さんにこう言っていたそうです。

「お前の母親は、誰かの悪口を言ったりするような人じゃなかったよ」

その言葉があったからこそ、息子さんはずっとお母さんのことが好きだったし、いつかお母さんに会いたいと思い続けてくれていたわけです。

この世には「パラレルワールド（自分が今いる世界に並行して存在する、無数の違う世界）」があると言われていて、それを前提とすると、パラレルワールドの中には、元旦那さんがこの女性を悪く言っている世界もあると思うんです。

元旦那さんがこの女性を悪く言えば、息子さんはお母さんのことを嫌いになったかもしれないし、会いたいと思わないかもしれません。

でも彼女は、パラレルワールドの中からピンポイントで幸せな世界を選び取った。

それは間違いなく、**彼女が明るい意識になったことで、何から何まで自分に都**

合のいい世界へワープしたのだと思います。

1人が幸せな世界へ行けばみんな幸せ

意識が明るく軽くなれば、あなたの人生は想像もつかないほど好転します。

それだけでもすごいのですが、あなたの意識が変わることで、あなたの大切な人まで幸せにすることができるんですね。

なぜなら、大切な人とは意識・魂がつながっているから。

そして、光は闇より強いから。

闇の中にひとすじの光が差し込めば、そこはもう暗闇ではありません。

光を消さない限り、光が闇に飲み込まれることはない。

その光を強くすればするほど、闇はどんどん小さくなります。

つまり、**いくら相手が暗い波動を放っていても、あなたが明るい波動を出せば、自然に相手の波動も明るく変わる**わけです。

だから、家族の1人だけでいい。

誰かが幸せになってしまえば、オセロが全部黒から白に変わるみたいに、ほかの家族もみんなうまくいくようになるんですね。

例えば、お母さんが明るい家庭は家族みんなが幸せになります。

もちろんお父さんが陽気になってもいいですし、子どもが元気で笑顔の家庭でも、同じように家族みんながハッピーになります。

嘘みたいな話ですが、本当なんです。

私の周りには、**奥さんが好きなことをしたり、遊びに出かけたり、楽しくすればするほど旦那さんの仕事がうまくいっている**例がいくつもあるのです。

旦那さんの給料が急に増えたり、事業が右肩上がりに成長したり。

だから旦那さんも、

「お前が遊ぶといいことがいっぱいあるから、どんどん遊びな」

って、機嫌よく奥さんを外出させてくれるんですよね。

そうすると奥さんはますます明るい波動を出し始めるので、旦那さんの収入もいっそう増えるわけです。

お母さんが楽しく過ごし始めたら、毎週のように起きていた息子さんのてんかん発作がピタリと止まったというご家族の例もあります。


波動がすごいのは、同じ家に住んでいなくてもこうした現象が起きることです。

離れて暮らしている家族にも、ちゃんと波動は伝わる。**意識・魂は距離も時間も空間も飛び超える**のです。

隣町に住んでいようと、遠く離れた地球の裏側にいようと、一緒に住んでいるのと同じように波動の力が作用します。

波動の力をさえぎるものはありません。

だから、田舎に住むお母さんの波動がよくなれば、東京の息子さんまで元気になったり、成功したりする。

そんな話も、私の周りでは少しも珍しくないのです。

「福の神」がいる家はツキまくり！

世の中を見渡してみると、あまりパッとしないのになぜかすごく成功している人っていますよね。

そのわけは、一人さんの言葉を借りると、

「あの人の家には、『福の神』がいるんだよ」

福の神というのは、奥さん（旦那さん）です。

いつも奥さん（旦那さん）の機嫌がよく、太陽みたいに明るくて元気。

そういう人が家に１人いるだけで、奥さん（旦那さん）の波動に引っ張られ、家族みんなの波動がよくなるのです。

その家族は、誰が何をしても全部うまくいっちゃう。

どんなにパッとしない人でも、福の神のおかげでツキまくりなんですね。

「女性がおしゃれをして笑顔でいたら、ものすごいパワーを持つ福の神になるんだ。

奥さんが自分を大切にして幸せになると、旦那の仕事も子どもの人生も、間違いなくうまくいくよ」

という一人さんの言葉通り、女性がおしゃれをして人生を楽しみ始めると、ハッピーな波動がハンパなく出る。

あなたがおしゃれを楽しんだり遊びに行ったりすれば、福の神となって、あなた自身も、あなたの大切な人も幸せになるんですよね。

あなたが自分という存在を可愛がり、大事にするのは、あなたのためだけではない。

あなたの大切な人のためでもあるわけです。

日本人は遊ぶことに対して、大なり小なり、罪悪感を抱く人が多いです。

だから好きなことをするのにためらったり、無意識のうちに自分に遊ぶことを禁じたりして、ほんのちょっとのおしゃれすらできないでいる。

私も講演会を始めたころにすごく驚いたのですが、世の中には、そういう人がとても多いんですよね。

みんな、当たり前のように自分に我慢を強いている。

その我慢のせいで、自分や大切な人を不幸にしているとも気づかずに……。

でもそういう人が自分を大切にし始めると、人生は大激変します。

奥さんがおしゃれをして楽しい波動を出し始めると、旦那さんや子どもはその波動に反応して、同じように楽しい波動を出し始めます。

後はもうお互いの相乗効果で、どんどん楽しい世界が繰り広げられますよ！

時計の針が超高速回転でグルグル……

ある姉妹が、2人で千葉へ旅行に出かけたそうです。
楽しく過ごし、その日の夜、宿で眠りにつこうとした時のこと。
突然、時計の音がカチカチ……とものすごい速さで鳴り始めたと言います。
2人とも、お互い起こしてはいけないと思い、しばらく布団の中でじっとしたまま。
暗闇の中何が起きているのかわからず、恐怖でいっぱいになりました。
でもお姉さんの方が、いつまで経っても元に戻らない時計の音にたまりかね、起きて電気をつけました。

パッと時計を見てびっくり！

超高速回転で、時計の針がグルグル……と回っていたのです。


旅行後、姉妹から「あれはどういうことだったのでしょうか？」と質問を受けた私は、すぐにピンときました。

きっと、次元が上昇したお知らせに違いないって。

旅行の間、2人はずっと楽しくてワクワクし通しだったそうです。

だから自然と5次元の意識になって、「より幸せな世界」へワープしたのではないでしょうか。


ということは、彼女たちの周りにいる人にも何か変化があったのではないか。

そう思い、2人に「家族や大切な人に、何か嬉しいことはなかった？」と聞いてみると、予想的中（笑）。

彼女たちはそれまで、弟さんと気楽な関係とは言えなかったそうですが、そういえば急に弟さんと仲良くなったのだとか。

「お姉ちゃんたちと一緒に出掛けると楽しい」

そう言って、弟さんはニコニコ顔なのだそうです。

また、遠く離れた場所に住んでいるお母さんにも、変化がありました。

お母さんはお仕事をされているのですが、以前からずっと「仕事が面白くない。もう辞めたい」とこぼしていたそうです。

それがなぜか急に仕事がうまくいき始め、今は楽しくてしょうがないのだとか。

こんなふうに、家族の中で1人でも楽しめば、ほかの家族の人生もうまくいく。

そしてそれぞれが明るい意識になれば、ますますみんなの幸せが底上げされる。

どこまでも幸せが連鎖するのです。

子どもの引きこもりと家庭内暴力がなくなった

あるお母さんの話です。

彼女には16歳の息子さんがいて、もう長いこと引きこもりだったそうです。

いつしか、息子さんは家族に暴力まで振るうようになりました。

最初はお父さんも息子さんを叱っていましたが、手がつけられないほど暴れるようになり、とうとう何も言えなくなってしまったそうです。

大人しくさせるために、家族みんなが息子さんに対して腫れ物にでもさわるような扱いをするようになりました。

息子さんが「あれを買ってこい！」と言えばすぐに買いに走り、欲しがるものはすべて与えました。

ところが、息子さんの気性は荒くなる一方……。

どうしようもなくなったお母さんが、わらにもすがる思いで私の講演会にいらっしゃったのです。

事情を聞いた私は、お母さんにこうアドバイスしました。

「お母さん、お子さんはもう限界だと思います。

もうこれ以上、その子に何かをさせようと思うのはやめてください。

親が『こうなって欲しい』と思うだけで、それがお子さんに伝わって負担になってしまいます」

息子さんがすごく苦しんでいるのが、私には手に取るようにわかりました。

まだ信用してくれない。

まだ心配している。

まだ指図しようとしている。

そういう親のことがたまらないんだろうなって。

親御さんの出す苦しい波動が、ずっと息子さんを苦しめていたんですよね。

その苦しみに耐え切れず、うっぷんをはらそうとして自分を傷つけ、家族を傷つけているんです。


息子さんに今必要なのは、愛と信頼。

だからお母さんは息子さんを信じて、愛を持って放っておいてあげて欲しいとお伝えしたのです。

親がずっと家にいるって、息子さんからしたら見張られているようなもの。

それをやめるために、お母さんはとにかく外へ出て、楽しく遊んで欲しいって。

お母さんが明るい波動を出すこと以外に、家族が助かる道はないんですよね。

そのお母さんが素晴らしかったのは、私の言葉を素直に信じてくれたこと。

もちろん最初は恐るおそるですが、すぐに外へ遊びに出かけました。

息子は大丈夫。
そう信じて。

すると1週間、2週間、1か月……と時間が経過するうちに、少しずつ息子さんに変化が表れ始めたそうです。

やがて息子さんは外に出て、高校へ通い始めました。
ただ、自分には勉強よりも働く方が向いていると悟ったようで、自分の意志で学校をやめた後、なんとアルバイト先を見つけてきたのです。

引きこもっている時は昼夜に関係なくゲームにふけっていましたが、そんな乱れた生活もスパッとやめたそう。
自分で決めたアルバイトですから、「朝起きられるように、○時になったらゲームはやめる」など自分なりのルールを決め、きちんとそれを守っている。

アルバイトで得たお金も無駄遣いせず、自分の口座でしっかり管理しています。そんな真面目な働きぶりが職場でも認められ、上司から「社員になれる年齢になったら、うちに入社して欲しい」とまで言われているのだとか。

後日、その息子さんが私の講演会にきてくれたので、本当はお母さんのこと好きだよねって聞いたんです。

すると、彼は「ううん」と首を横に振り、こう言ったのです。

「(ただの好きじゃなく)大好き」

さらに最近、お母さんから彼の近況を聞いてまたびっくりしました。

一度は学校をやめた彼ですが自分の意思で通信制の学校に入学、さらに自動車学校にも通い始めたそう。それも自分で稼いだお金で、です。

「信じるだけで奇跡って起きるのですね。今ではあの子が荒れていたことが現実ではなかったのかな? なんて思うことがあります」

自立しただけではなく、とても優しい青年になった息子さん。妹さんたちにお小遣いをあげたり、お母さんとご飯を食べに出かけたりするほど関係もよくなりました。家族全員が笑顔になり、とても明るい家庭になったそうです。

子どもというのは、本当はしっかりしているんですよね。

信じて認めてあげたら、放っておいても子どもはまっすぐ生きるものなのです。

5次元の世界と3次元の世界が大接近！

不思議な能力を持っていて、普段からいろんなものが見える女性がいます。

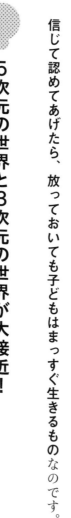

その女性が、たまたま知人に誘われて私の講演会にいらっしゃった時のこと。用事があって少し遅れた彼女が会場に到着すると、会場となっている建物が強烈な光を発していたそうです。

何だろうと思いながら会場に入ると、ちょうどワークタイムで薄暗くなっていたお部屋がぐにゃりと歪み、ありえない光景になっていたのです。

なんと5次元の世界が、私たちが住む3次元の世界のすぐそばに!


亡くなった人の住む5次元の世界と、生きている私たちの住む3次元の世界は本来とても遠く離れていて、まったく別の世界。

この2つの世界は、近づくことも重なることもありえないんだそうです。

ところが、彼女はそのありえない現象を見た。


じゃあその時に会場では何が起きていたのかというと、

「ご先祖様が出てきて、大事なことを細かくアドバイスしてくれた」

「亡くなった兄と思い出話をした」

「生まれる前の世界にいた」

「宇宙から地球を見ていた」

などなど、ワークタイムでたくさんのかたが不思議な体験をしていたのです。

まさに次元を超えた交流が行われていた。


5次元の世界と3次元の世界がすぐ近くにあるなんて、普通に考えたら信じられる話ではないでしょう。

でもワークタイムで起きる不思議な現象をいつも間近で見ている私にとっては、これほど腑に落ちる話はないのです。

旅に出る。人に会う。そこから意識が広がる

先ほどの不思議な能力を持つ女性が、こう言ってくださったんですね。

「はなゑさんは、これまで見たこともないとてつもなく大きい金色のオーラです！」

嬉しくて私がその女性と握手をしたら、女性が涙を流したのです。

そのわけは……突如として私の手から温かいものが流れてきて、宇宙が見えたからだと言います。

宇宙にはたくさんの星がキラキラ輝いていて、真ん中には青い地球があります。地球の前には大きな観音様がいらっしゃり、その観音様に向かって光が流れ込んでいたそうです。

その話を聞き、私は胸が熱くなりました。

「きっと、一人さんの意識に近づいているという意味だわ！」って。

冒頭でもお伝えしたように、私は最近、海外へ学びの旅に出かけています。

そのことで、確実に以前よりも一人さんの気持ちがわかるようになったと感じているんですね。

いろんなところへ行くと、そこで出会いがあったり、学びがあったりして、人は自然と意識が変わっていくものなんだなぁ。

そんなことを改めて感じたわけです。

やっぱり、同じことを繰り返す日常だけでは、意識ってなかなか変わりません。いつもと同じ波動（次元）のままです。


だからみなさんも、**自分の意識を変えたいと思ったら、楽しいことをたくさんしてください**。

行ってみたかったところ、話題のパワースポット……そんな、気が向いた場所へ足を運んでみるのもいいでしょう。

何かに挑戦したり、ちょっと仲間と遊びに出かけたり、お酒を飲みに行ったり、カラオケに行ったりしてみるなど、普段と違う楽しいことなら何でもかまいません。

それをきっかけに、意識が楽しい次元に上昇するのです。
気がついたら、みなさんの人生は、もっと楽しいものに変わっているはずですよ。

第3章

人生がもっと楽しくなる「この世の仕組み」

「別次元の私」にも意識がある？

バシャール・ツアーには、ある物理学者の男性も参加されていました。

物理学というと、あらゆる現象を計算によって立証する学問。科学では説明のつかないバシャールの世界とは無縁の人たちというイメージがありますよね？

私もそう思っていた1人なのですが（笑）、どうやらそうじゃないらしいのです。

ちなみに、物理学者さんのことは親愛と尊敬を込めて「博士」と呼んでいましたので、ここでもそう呼ばせていただきますね。

その博士に、宇宙人さんについてどう考えているのか聞くと、こう返ってきました。

「物理学者のほとんど全員が、宇宙人はいると考えていますよ。なぜなら、宇宙人がいるという計算が成り立っているから」

もう、ビックリ！

宇宙にはあまたの星があり、そのどこかに宇宙人が存在する可能性がどれくらいあるか計算すると、高い確率で「存在する」と証明されるらしいのです。

彼は、「宇宙人のバシャールに聞けば、今の物理学がぶつかっている壁を突破するためのヒントがわかるかもしれない」と考え、バシャール・ツアーに参加されたそうです。

壁は自分の意識がつくるものだから、バシャールの話を聞けば、その壁を打ち破るヒントが得られるのではないかって。

すごく面白いかたでしょう？

博士は物理学でも「超ひも理論（この世はすべて振動する『ひも』でつくられているという理論）」の専門家なのですが、この理論は「次元」と深い関わりがあります。

そして実は彼自身も「何度も次元を飛び超えたことがある」と言います。

そこで私は直感的に、パラレルワールドについても詳しいに違いないと思い、ずっと疑問に思っていたことを彼に質問してみたのです。

（ただし、いただいた回答は物理学で証明されていることではありませんので、あくまでも彼個人の意見という前提で読み進めてくださいね。それから、このへんの話が苦手なかたは飛ばして読んでいただいてもかまいませんよ）

「パラレルワールドってありますよね？」

私のその問いに、博士は「はい、ありますね」と答えました。

私は、続けてこう聞きました。

「パラレルワールドって、自分の世界が無限にあるという意味ですよね？

例えば、
講演活動をしている私がいる世界。

ロサンゼルスでバシャール・ツアーに参加している私がいる世界。

病院で臨床検査技師をしている私がいる世界（かつて私は臨床検査技師をしていました）。

十夢想家《トムソーヤ》（臨床検査技師を辞めた後に開いた喫茶店）を経営している私がいる世界。

結婚して家事に励んでいる私がいる世界。

子育てをしている私がいる世界。

別の事業を立ち上げている私がいる世界……。

という感じで、別の世界が無限に存在するということは、頭では理解できます。

でも私は今ここにいる私でしかないし、別の世界にも自分がいると言われても、感覚的にはピンとこないのです。

無限の世界にそれぞれ違う私がいるとして、それらの私は意識もなく、魂のない抜け殻のような状態で生きているのでしょうか？

あるいは、別の世界に住むそれぞれの私もちゃんと個別に意識を持っているけれど、今の私にはそれを認識できないだけのことでしょうか？」

パラレルワールドの正体は「粒子」

博士の答えをまとめるとこうなります。

物理学の観点でパラレルワールドを説明すると、「粒子（もしくは波）」の話になるそうです。

パラレルワールドは、まだ現実化されていない粒子の状態で存在していて、その粒子が集まって形づくられた時、はじめて私たちは「現象」として認識します。

ですから、無数に別の世界があるといっても、それはまだ現実化されていない粒子にすぎず、当然ながら別の自分も意識は持っていない。

これがパラレルワールドの真実です。

パラレルワールドについて、博士は別の視点からこんな話もしてくれました。

「この世界で肉体をまとっている自分は、『ハイヤーマインド（※）』の一部であり、無限にパラレルワールドはあるけれど、あなたのハイヤーマインドが体験しているのは今この世界にいる自分だけです。

そして、**この世界でこれからどんなことを経験するかは、今の自分が全権を握っています。**

今ここにいる自分の自由意思によって好きな選択をし、そして体験している。

あなたのハイヤーマインドは、その様子をじっと見ているようなイメージです」

ハイヤーマインドからすると、パラレルワールドは、無限にある「チャンネル」のようなもの。

そしてどのチャンネルの番組を見るかという選択権は、この世界で肉体をまとっている、今の自分にある。

このように考えるとわかりやすいでしょう。


（※）すべてを知っている大いなる自分。魂。

あなたの本体は、次元の違う世界（宇宙）に存在していて、その一部の意識が肉体をまとってこの世界（地球）にやってきている。

あなたの意識がチャンネルを決めている

では、今ここにいる私がどうやってチャンネルを選択しているのかというと、

「今、この瞬間」に感じている自分の思いです。

つまり、自分が「今、この瞬間」に何を意識するかでチャンネルが変わるわけです。

いつも明るく楽しい気持ちでいると、その波動で幸せな世界のチャンネルが選択されます。

その反対に、人生は苦しいとか、思うようにならないといったネガティブな気持ちでいると、その波動が暗い不幸な世界のチャンネルに合ってしまう。

自分の意識によって、無数にあるパラレルワールドの中からその波動に合う世界のチャンネルが自動的に選ばれるわけです。

あなたの意識によってチャンネルが選択され、その連続で人生がつくられている。

それを、あなたのハイヤーマインドが見ているのです。

粒子の観点で説明すると、こうなります。

まず、粒子が現実化するためのきっかけとなるのが、自分の「今、この瞬間」の意識です。

あなたが明るい気持ちになると、その瞬間に粒子がワッと集まって現実化し、明るくハッピーな世界がつくりだされる。

一方、あなたが不安や怖れにとらわれてしまうと、粒子が現実化する時にますます不安や怖れが大きくなるような世界がつくり出される。

これが毎瞬毎瞬、繰り広げられているんですね。

人の気持ちは刻一刻と変わるものですから、そのたびに次々と新しい世界が生み出されるわけです。

もちろん、どんなに意識が変わっても、突如として着ている洋服が変わったり、部屋のインテリアが変わったりするようなことはありません。

なぜなら人間には高度な脳があって、脳は「この世界は連続して起きている」という強い認識を持っているからです。

もし「意識ひとつで現実は何もかも変わる」という認識が100%持てたら、服やインテリアが突然変わるようなことも起こりうるかもしれませんが、通常はそこまで脳の認識を変えるのは不可能な話です。

ただし、脳が柔軟な人の場合は、不思議な体験をする可能性がある。

自分やモノがワープするのは、まさにそういうことではないかと私は考えています。

魂が約束をしている相手だから変わる

もう1つ、私はパラレルワールドに疑問を持っていました。

自分の意識が変われば、周りの人も変わります。

その時、相手の意識は、自分に起きた変化をどう受け止めているんだろうという点です。

例えば、私の講演会にいらっしゃった女性のお父さんはものすごくガンコで、嫌になるくらいわからず屋だったそうです。

ところが、その女性が私の講演会に参加されたのを境に、お父さんが別人のように変わったんですね。

優しくて物わかりのいい、明るい性格になった。

じゃあ、この時のお父さんの意識はどうなっているのでしょうか。

ガンコおやじは、いったいどこへ行っちゃったの？（笑）

博士によると、それはこういうことだそうです。

「**自分の意識が変わることで相手も変わるのは、その人と自分が、魂レベルで『変わること』を同意しているから**です。

もともと、そういう約束を交わしている。

そして相手は、変わる前の自分を覚えていないこともあります」


あなたの意識や波動が明るくなることで、あなたの大切な人も幸せになるのは、その人とあなたが魂レベルで深い縁があるからです。


「ずっと一緒だよ」

「今世、一緒に学ぼうね」

そんな約束をしている相手だから、あなたと一緒に次元を超えられるんですね。

そういう相手を、「**ソウルメイト**」と言います。

家族の中で1人でも人生を楽しめば、だんだんみんな幸せになっていきます。

ソウルメイトで魂の同意をしていれば、一緒に幸せな世界に行くことができる。

だからどれだけガンコなお父さんでも、あなたが変われば魔法がかかったみたいに物わかりがよくなって、明るく優しいお父さんになることもあるのです。

というよりソウルメイトの場合、魔法がかかっているのは、嫌な世界にいる時のお父さんなのでしょう。

本当の姿は優しいお父さんの方だからこそ、お父さんは、嫌な性格だった時の自分を覚えていないわけです。

じゃあ、そうならない相手の場合はどうかというと、たいていの場合、あなたの意識が変わったところでお別れする約束をしていることが多いのです。

嫌な同僚が転勤になったとか、ソリの合わなくなったパートナーと離婚するのは、その相手がソウルメイトではなかったというより、今回はお別れする約束をしていたということなのです。

よく一人さんが言うんですね。

「相手が急に変わっても、『前はこうだったね』なんて言っちゃダメだよ」

その意味を、これまで私は「誰だって、過ぎたことを蒸し返されるのは嫌なもの」だからだと受け取っていました。

もちろんそれもあるのですが、パラレルワールドの真実を理解するうちに、「相手が変わったのは、別の世界にワープしたことが理由かもしれない」とも思うようになりました。

だとしたら、過去のことを言っても意味がありませんよね。

相手は、過去の自分の性格を覚えていないのかもしれないのですから。

同じ過去を共有したはずの相手なのに、なぜか記憶が違っていて話がかみ合わない。

自分の過去の発言を、すっかり忘れてしまっている。

こういう経験、あなたにもありませんか？

それはもしかしたら、自分や相手が別の世界に移ったことで、過去の思いの記憶が変わったのかもしれませんね。

空の上で魂会議が行われている

アニータ・ムアジャーニさんというインド人女性の、『喜びから人生を生きる！臨死体験が教えてくれたこと』（ナチュラルスピリット刊）という本があります。

これは、アニータさんが末期ガンに侵され、絶命直前までいった時の臨死体験について書かれた本です。

臨死体験を通じ、「人はみなもっと自分を愛さなければならない」という学びを得て、魂が目覚めた経験をつづっています。

実はこの本でキーパーソンとなるのは、アニータさんのお父さんです。

お父さんはすでに亡くなっているのですが、生前は娘のアニータさんにとても厳しく、何でも自分の言う通りにさせようとしていました。

「こう生きるのが女性として一番幸せだ」という常識で、娘を縛りつけていたんですね。

でもアニータさんは、どうしてもお父さんの言うような生き方ができず、自分を親不孝な人間だと責めるようになってしまった。

その強いネガティブな波動によって、末期ガンを患ってしまうのです。

そんなアニータさんが死のふちに立たされた時、亡くなったお父さんが出てきて、アニータさんにこう助言します。

「どうして病気になったかわかっただろう？　今ならまだ間に合うから、戻りなさい」

生前のお父さんとは別人のように、優しくて、温かい。

でも実は、これがお父さんの本当の姿なんですよね。

私たちはみんな、この世に生まれてくる前に、空の上で魂会議を開きます。

ソウルメイトが一堂に会し、「来世は、誰がどんな役を務めるか」ということを話し合うわけです。

お父さん・お母さん役になる人、息子・娘役になる人、意地悪をする人、苦労する人、楽しく生きる人……ドラマや映画のようにさまざまな役がある中、みんな自分で志願して「今世の役柄」を決める。

そしてソウルメイト全員の役柄が決まると、それぞれのタイミングでこの世に生を受けます。

アニータさんのお父さんが厳しい父親であることも、そのせいでアニータさんが病気になることも、すべては生まれる前に自分で決めてきたことなんですね。

おそらくアニータさんの魂は、空の上でお父さんの魂にこんなお願いをしていたのでしょう。

「今世、私は『自分を愛して大切にしなきゃいけない』ということを学びたい。末期ガンになって『目覚める』役をしたいから、あなたは私の父親になって、うんと私に厳しくしてください」

誰だってわからずやの役は嫌なものですから、アニータさんのお父さんも最初は断ったかもしれません。

でもアニータさんに頼み込まれて、「そこまで言うのなら……」と嫌な役を引き受けてくれたのではないか。

こんなふうに考えると、アニータさんのお父さんが、本当はどれほどアニータさんを愛しているか、よくわかりますよね。

正当なる主張はしないといけない

私からすれば、アニータさんのお父さんはとても気の毒です。

その理由は、こうです。

お父さんが嫌な父親役を演じたのは、娘のためです。

娘の学びのためのお手伝いで、ギューギュー絞めつけた。

その観点で言えばアニータさんは、お父さんの絞めつけに対してこう言うべきだったのです。

「お父さん、私の人生に口を出さないで」と。

そして、自由に好きな人生を生きる。

そうすればお父さんは、「そうだな」って、優しいお父さんに戻れたはずなのです。

お父さんの本当の意識は「自分を愛して好きに生きろ」ですから、娘がそのことを学んで自由に生き始めたら、はい、次元上昇。

一緒にパッと幸せな世界へワープできたんですよね。

それなのに娘が自分を責めてしまうと、お父さんは悪役を演じ続けなければなりません。

そればかりか、娘がいつまでも目覚めてくれないから、お父さんの寿命がきた時にガンコおやじのまま死ぬはめになる。

これでは、あまりにもお父さんが気の毒でしょう?

多くの人は、親の言いなりになって人生つまずきます。

でも**親がわからず屋だったり厳しかったりするのは、たいがいは空の上であなた自身がそうして欲しいと頼んできているから**です。

親はその頼みを引き受け、見事に悪役を演じてくれている。

だったらあなたもその気持ちをちゃんと受け止めて、

「うるさい！」

「私の人生の邪魔をしないで！」

って反発してあげないとダメなんですよね。


正当なる主張は、魂の成長なんです。

自分のことをもっと愛して大事にしよう。

幸せになろう。

せっかくそう決めて、あの世での記憶をなくしてまでこの世に生まれてきたのに、**他人の言葉に惑わされたり、自信をなくしたりしている場合じゃない**んです。

邪魔をしてくる相手とは、断固として戦うべきです。

正当なる主張ができるようになることは、魂の成長なのです。

サッカーで例えてみましょう。

今、あなたはシュートしようとしています。

その時に、相手チームが全員「どうぞどうぞ」って道を開け、少しもディフェンスしてくれないとします。

相手のゴールキーパーも、「さぁ、シュートしてください」って避《よ》けちゃったら、あなたはどう思いますか？

こんなにつまらないゲームはありませんよね（笑）。

邪魔する人をかわしながらシュートするから爽快なのであって、何の障害もなくゴールを決めたって嬉しくも何ともないでしょう。

そもそも、誰もディフェンスしないのなら、最初から試合をする必要もありませんよね。


人生もそれと同じ。

私たちはこの地球で、魂を成長させながら、人生というゲームを楽しんでいます。

自分を愛して自分が幸せに生きると、ロールプレイングゲームのようにステージがどんどん上がり、周りもみんないい人に変わっていくのです。

人生ゲームはちょっと邪魔する人が出てくるから面白い

今世は、アニータさんが目覚める役を務めています。

じゃあ、お父さんの魂は目覚めないから可哀そうなのかというと、そうではありません。

人の魂は何度も生まれ変わりますから、そもそもお父さんの魂は、すでに前世までの間に目覚める役を終えているかもしれないわけです。

それぞれの魂が今どういう状況か、この世にいる私たちが知ることはできません。

でもソウルメイト同士であれば、誰がどんな順番で、いつ目覚めてもいいのです。

学ぶ人と、それを助ける人。

その両方がいるから、この世はこんなにドラマチックで面白いんですよね。

もしかしたら、あなたやあなたのソウルメイトたちはすでに全員が目覚めていて、今世は楽しい遊びの人生として、みんな面白がってそれぞれの役柄を演じている。

そんな可能性もあるのではないでしょうか。

その観点から言えば、アニータさんのお父さんは今世ものすごく嫌な役を引き受けたわけですが、本人のハイヤーマインドとしては、別に嫌な人生を見たわけではないと思います。

悪役を演じ、そのガンコっぷりをとことん楽しんだのかもしれない（笑）。


この世での人生は、魂にとってはあっという間の出来事です。

向こうの世界からすれば、50年や100年の時間って、私たちが映画を1本観るくらいの感覚だと言われているんですよね。

しかも魂は永遠に死なず、何度も生まれ変わる。

それなら、善人役ばかりじゃつまらない。

長生きをしたり、短命で生まれてきたり、いろいろ経験してみたいと思いませんか？

たまには、ちょっぴり嫌な役だって演じてみたいですよね。


映画やドラマは、嫌な人がいたり、ハプニングや問題が起きたりするから面白いのであって、何も起きないストーリーじゃ退屈でどうしようもない（笑）。

同じように、人生にもいい人やちょっと嫌な人がいて、悲喜こもごもいろんな出来事がある。

そんなワクワクに満ちた楽しい人生を、あなたも今、この世界で体験しているところなのです。

今を生きる。それが魂の望む道

私の会社で特約店をされている男性が経験した話です。

その男性が、東京・新小岩（銀座まるかん本社や、私の会社のある町）の商店街を歩いていた時のこと。

ふと見ると、前方を私が歩いています。

「はなゑさん！」

そう声をかけようとした瞬間、急に周りの風景が歪み始めたのです。

映画『マトリックス』に出てくる世界みたいに、商店街のお店や地面、アーケードを歩いている人まで、みんなぐにゃりと歪んでいます。


早く歩きすぎて形が歪んでいる人もいれば、あまりにも歩くのが遅すぎて体が歪んでいる人もいる。

気づけば、自分自身も歪みながら歩いています。

どうしよう……脳に何か問題でも起きちゃったかな?

不安に思いながらパッと顔を上げると、またまたビックリ!

前を歩いている私だけが、いつもとまったく変わらなかったから。

ただ1人、私だけが歪むことなく、普通のスピードで自然に歩いていたそうです。

この話を聞いて、思ったんです。

私はいつも「今、この瞬間」を生きているから、歪んでいないのかなって。

多くの人は、未来を不安がったり、過去の失敗や傷を引きずったりしています。

未来を不安がっている人は、意識が先へ先へと行くからものすごいスピードになる。

その反対に、過去にとらわれている人は意識が後ろに傾くから、とんでもなく遅いスピードになるのではないかと思ったわけです。


その点、私の意識は常に今ここにあるのだと思います。

私の場合、未来のことを考える時は、それを考えることで今の自分がワクワクします。

「こうなったらどうしよう」「もし失敗したら?」みたいなネガティブ思考はほとんどわかないんですよね。

過去の出来事を思い出す時も、今を楽しむためや、「今度はこうしよう」と思うことはあっても、「なんであんなことをしちゃったんだろう」という後悔でクヨクヨと過去を振り返ることは滅多にありません。

私にとって、先を見たり過去を振り返ったりするのは、「今を楽しく生きる」ため。

変えられない過去を引きずっても仕方ありませんし、未来だって、自分の意識次第なのですから。

誰だって、明るく楽しい未来を創造したいですよね。

そのためには、今自分が感じている思いは、素直にちゃんと感じてあげてください。

悲しい時は、悲しむ。

つらい時は、つらいと感じる。
泣きたい時は、泣いたらいい。
切ない時もある。
怒る時もある。
その時の自分の思いをしっかり感じて、認めてあげる。
それも、自分を愛して今を生きるコツなのです。

決して、自分の感じることを否定しないようにしてください。
そうすれば、その時の嫌な思いは時間とともに消えていくか、いい思い出になります。

今を生きることは、魂が真に望む道。
今を生きてこそ、幸せな人生が手に入るのだと思います。

コラム

龍神様の背中に乗って飛ぶ！

軽く考えたら波動が変わり、次元が変わる。

5次元の意識になって、パラレルワールドを瞬間移動する。

このことは、「龍の背中に乗る」と言い換えることができます。

龍というのは、龍神様のこと。（詳しくは、『斎藤一人　龍が味方する生き方』マキノ出版　参照）

龍神様は神様ですから、3次元の世界と、ほかの次元の世界を行き来することができます。

その中で人との出会いやチャンスを運んでくれたり、私たちを別の世界に運んでくれたりするんですね。

ただし、龍神様は神様（光の存在）ですから、光のように軽い人でなければその背中には乗れません。

といっても体重の話ではなく（笑）、心が軽いかどうかです。

龍神様はとっても優しいので、私たちのことを背中に乗せたくてしょうがない。だけどあなたが重い考えばかり持っていると、いくら龍神様があなたを乗せたくても、すり抜けて落ちてしまうんです。

その点、ものごとを軽く考えられる人は、いつでもパッと龍神様の背中に乗れる。

だから何をしてもうまくいくし、成功しかない人生になります。

もちろん、あなたのソウルメイトも、あなたと一緒に龍神様の背中に乗れます。

相手の心がいくら重くても大丈夫。

あなたが明るい波動を出せば、相手の心も軽くなって、必ず一緒に幸せな世界へ飛べますよ。

第4章

我慢をやめて スカッと生きれば運気↗↗

加害者をつくっているのはあなた自身かもしれない

ある女性は、義理のお母さんがどうしても苦手だと言います。

お義母さんは、何でも自分の思った通りにしたがる強引な性格らしいんですね。

そこで私が「どんな時に嫌だと思うの？」と聞くと……なんと彼女は何十年もさかのぼり、自分たちの結婚式の話をし始めたのです。

結婚式の打ち合わせ中に引き出物を選んでいると、お義母さんが「これがいいんじゃない？」と大きな毛布を選んだのだそう。

彼女は「重くてかさばるものは、参列してくれた人の迷惑になる」と思ったのですが、お義母さんへの遠慮から何も言えず、結局、引き出物はその大きな毛布になったと言います。

それ以来、彼女の中では「お義母さんは自分の思ったことを強引に通す人」という認識になりました。

だからお義母さんのことが苦手で、たまに会うのも嫌でしょうがなかったそうです。

つまりこの女性は、何十年も前のことをずっと引きずっていたんですよね。

でも、お義母さんは本当に強引な人でしょうか？

もちろんその可能性もあるとは思いますが、ひょっとしたら、そうじゃないかもしれません。

その女性によく聞いてみると、彼女はお義母さんに、自分の意見を言ったことがないとのこと。

もしかすると、お義母さんの発言に他意はなく、「こういう選択肢もあるよ」「これはどうかな？」という、善意の提案をしただけかもしれませんよね。

本当にお義母さんが強引な人かどうかは、こちらも自分の意見を言ってみなければわかりません。

例えば引き出物の一件なら、可愛く爽やかに、「私はもっと軽くてかさばらない引き出物がいいと思うんですけど」と伝えてみる。

そうしたらお義母さんは、「確かにそうね。じゃあ、あなたはどれがいいと思う?」って聞いてくれたかもしれません。

もしそこでお義母さんが「私の意見が聞けないの!?」なんて怒ったり、威圧的な態度に出てきたりすれば、こちらもファイティングポーズを取ればいい(笑)。

それを確かめもしないで相手を嫌うのは、自分自身で加害者をつくり出しているようなものですよね。

そもそも、自分の意見を伝えることもしないで、相手にこちらの気持ちを察してもらおうとしても無理な話です。

相手は超能力者じゃないのですから。

育った環境は人それぞれで、感じ方や考え方はみんな違って当たりまえ。思ったことはきちんと言葉にしなければ相手に伝わらないのです。


余談ですが、聞くところによると、地方では、大きいものを引き出物にするのが礼儀のところがあるそうです。

私も知りませんでした。

我慢するから嫌いになる

世間では、「我慢してお義母さんの言うことを聞くべきだ」というのが常識だと思われているかもしれません。

でも相手が目上の人だからって、何もかも言いなりになる必要はないのです。

無理に相手に合わせていると、お義母さんに対して「強引で自分勝手な人」というイメージが強くなるだけで、敬う気持ちは湧いてきませんよね。

うわべだけ取り繕っても、いつかボロが出ます。

それなら最初から、気になることは自分の意見を伝えた方が、よほど相手といい関係をつくれるのではないでしょうか。

そもそも自分の意見をちゃんと伝えられたら、相手は嫌な人にはなりません。

だって、我慢する必要がないのですから。

それでももし相手が強引で威圧的に出てくるようなら、こちらも思い切り言わせていただけばいいのです（笑）。

なおも相手が攻撃的な態度をやめなければ、もうその人とは縁を切る。

嫌な思いをしてまで一緒にいる必要はないんですよね。

というか、それくらい強い意志を持っていると、それが波動として出ますから、相手は嫌なことをしなくなるのです。

相手が嫌なことをしてくるのは、あなたの思いが弱いからナメられているだけ。あなたが強い気持ちを持てば、相手はその波動を察知して大人しくなります。嫌なことをしてこないのですから、もう相手は嫌な人ではありませんよね。

誰かを嫌いになるのは、あなたがその人に対して我慢しているからです。

1つひとつの出来事は些細なことでも、我慢をため込めば相手を嫌いになるのは当たり前。

だから今、**あなたの周りに嫌な人がいるのなら、それは自分が我慢しているサイン**だと思ってください。

あなたは、嫌なことを言われたりされたりした時、ちゃんと自分の気持ちを伝えていますか？

正当なる主張は大切です。

もし思い当たることがあって、直接相手に伝える勇気が出ない時は、まずは強い思いを持ってください。

いきなり相手に意見を言うことはできなくても、思いを強くするだけで十分相手へのけん制になるのですから。

ムカついた時は爽やかに波風を立てる

先日、ある女性からこんな質問を受けました。

「人に嫌なことを言われて我慢できない時は、どうしたらいいですか？」

繰り返しになりますが、我慢しなきゃいいんですよね（笑）。

自分に我慢させる必要はどこにもないのですから。

といっても、爆発しろと言っているわけではありません。


自分の不快感を、爽やかに伝えることに知恵を使う。

これが正解です。

みんな不満に感じたことを直球で伝えたり、怒りにまかせて剛速球を投げたりするから、相手との関係が悪くなってしまうんですよね。

あるいは、「自分さえ我慢すればいい」と自分の気持ちを押し殺すから、自分自身が壊れてしまったり、何かの拍子に大爆発を起こしてしまったりする。


自分の不快感を伝えなければ、相手は永遠にあなたの気持ちには気づきません。

お伝えした通り、正当なる主張は必要なのです。

だから確実に自分の気持ちを伝えつつ、それと同時に、相手の気分を害さないように配慮します。

ヘンに相手を刺激せず、いかにうまく自分の不快感を伝えるか。


実は私、それがすっごく得意なんです（笑）。

ちょっとでも気に障ることがあると、すかさず笑顔で、爽やかに伝えるんです。

例えば、「ごめんね、ちょっとその話やめてもらえるかな」とか「ちょっとその話気になるんだけど」とか。

そうするとほとんどの場合、相手は「ごめんなさい、悪気はなかったの」って反省してくれます。

だから謝罪を受けたこちらも水に流して、もうその出来事は忘れる。

これで、人間関係に悩むことはなくなります。


例えば、満員電車で足を踏まれたとします。

相手はわざとやっているわけではないのですから、そこは爽やかに「あの～、ちょっと足が……」みたいな感じで伝えたらいいですよね。

こういう伝え方なら、相手もすぐに「ごめんなさい！」と謝ってくれるでしょう。

それをずっと我慢しているから、突然キレて「何するんですか！」なんて怒鳴りつけてしまうわけです。

いきなり怒鳴られたら、相手だってカチンときます。

喧嘩になったり、険悪なムードになったりするのも当たり前ですよね。

だからこそ、言いにくいことほどため込まないで伝える。

でもそこは相手の立場も考えて、穏やかに、かつ可愛く笑顔で（笑）。

これが、爽やかに波風を立てる極意です。

そうやって常に自分の気持ちを伝えていると、相手も「この人は、嫌なことは嫌と言う」と認識してくれますから、そもそもヘンなことを言ってこなくなりますよ。

嫌な相手は自分の世界からシャットアウト

ちなみに私は生まれてこのかた、周りに嫌な人がいたことはほとんどありません。

それは、私の両親が一人さんと同じような考えを持っていて、

「自分を大切にしなきゃいけない」

「嫌なことを我慢してはいけない」

ということを幼いころから当たり前に思うように育ててくれたからです。

おかげで私は、自分が理不尽なことをされたり、嫌な人が出てきたりした時はやっつけちゃえばいいいし、面倒な相手からは逃げたらいいということを、子どもの時から知っていました。

だから私の目の前に嫌な人が出てくることがないんですよね。

たまに出てきても、向こうから立ち去ってくれます（笑）。

そういう話をしてもなお、時々、こんな質問を受けるんですね。

「はなゑさんの周りに嫌な人が1人もいないのは、はなゑさんがすごく気が長くて、我慢強いからじゃないですか？」

いえいえ、そんなんじゃない。

何度も言いますが、嫌な相手が出てきたら、本当にやっつけちゃいますから（笑）。

意図的に嫌なことをしてくる人は、むしろ簡単なんです。

正面切って「あなた、すごく嫌な人ですね」って言えるから（笑）。

わざと嫌なことをしてくるような相手なら、堂々とやっつけていいでしょう？

もしかしたら、みんな（ほとんどの人が）、嫌な人なのに相手から嫌われちゃいけないと思っていませんか？

一人さんも言っていますが、**嫌な人から好かれる必要はない**のです。

むしろ、面倒なやつだと思われて嫌われた方が、問題がなくなります。

ただ私の場合、相手を嫌いになるまで放置しないんですよね。

最初に「あ、この人ちょっと苦手かも」と感じた段階で、距離を置くようにします。

相手に誘われても、「その日はちょっと用事があるので、ごめんなさい」って、うまく断ればいいだけなんですよね。

この方法は、相手が無意識で嫌なことをしていたり、自分より弱い立場にある相手からの攻撃だったりする場合にも有効です。

さりげなく距離を取れば、相手も傷つかないから。

嫌な相手とは、同じ空間で一緒に過ごすことを選ばない。

つまり、自分の気持ちを乱す相手は、最初から自分の世界に入れないわけです。

そうすれば我慢する必要もないし、腹が立つこともありません。

だから嫌いな人がいなくなるのです。

嫌な相手は自分の世界からシャットアウト。

それが、あなたがご機嫌に過ごすための鉄則ですよ。

スカッと生きれば人生トクばかり

いつもスカッとした気持ちで生きている私は、たいていのことを笑って受け流すことができます。

何が起きてもほとんどイライラしません。

例えば2019年のイスラエル旅行では、出発当日、なんと記録的な大雨で電車が運行休止に！

慌ててタクシーに飛び乗ったのですが、道路も大渋滞で、結局飛行機に乗り損ねてしまったのです。

しかも、タクシーの中に9時間も缶詰め（笑）。

こんな時、普通だったらイライラのし通しだと思うのです。

けれども私はむしろ、その状況を面白がっていました。

というか、自分が飛行機に乗れないなんて思いもしなかったんです（笑）。

いつもだったら、どんなに遅れても間に合っちゃうくらい私は運がいいから。

それが、この日は15時に東京駅にいて、22時半の飛行機に乗れなかった。

これはきっと、何かわけがあるなって。

イスラエルへは50人ほどの団体で行くことになっていたのですが、私とマキさん以外にも、もう1人のかたが、やはり大雨で飛行機に乗り損ねてしまいました。

そこで、成田空港で合流することになったのです。

実はこのかた、赤塚高仁《こうじ》さんといって、今回のイスラエル旅行の団長さん。

赤塚さんはヤマト・ユダヤ友好協会会長で、イスラエルとイエス・キリストの超エキスパート。『聖なる約束』シリーズ（きれい・ねっと刊）などの著書もあります。

30年も前から何度もイスラエルを訪れている人ですから、イスラエルに関する知識は膨大で、本当に何でもご存知なんです。


そんな赤塚さんと空港で合流していろんな話を伺ったのですが、専門家のお話だけに、これが本当に面白い！

聞けば聞くほどイスラエルへの興味が増し、時間を忘れて何時間も話し込んでしまいました。

旅行は50人もの大所帯ツアーですから、もしツアーでご一緒しただけだったら、あんなにじっくりと面白い話を聞くことはできなかったと思います。

でも大雨で足止めになり、旅の前にイスラエルの話をたくさん聞くことができた。

団長を独り占めしてほかのみんなにはちょっと申し訳なかったのですが、おかげで赤塚さんという一生の友を得て、いっそう学びの深い、最高に楽しい旅行をさせていただけたのです。


ちなみに……私もキリストのことをあまり知らなかったのですが、キリストって、ものすごく魅力的な人だったそうです。

赤塚さんによれば、もともとキリストは大工さんでした。

筋肉隆々でたくましく、そのうえ顔も男前。

話すことはユーモアたっぷりで面白いのに、そこには深い学びがある。

また、ワインをガバガバ飲む、豪快な人でもありました。

キリストが30才のころから宣教を始めると、たった3年で男性も女性もみんなキリストに魅了され、熱狂した。

まさに、一世を風靡《ふうび》したスーパーヒーロー。

これがキリストの人柄だったのだそう。

なんだか、一人さんに似ているような気がします。

大吉でも大凶でも「ラッキー♪」

「飛行機に乗り遅れたとしても、「また行けばいいか」「何とかなるよね」。

私はいつもそんな感じですから、日常生活で焦ることはほとんどありません。

先日も、東京駅から新幹線を利用したのですが、改札口に着いたのが出発間際。

あと1～2分で発車しちゃう！

そんなタイミングだったのですが、「乗り遅れたら次の新幹線に変更すればばいつか」と思いつつ、一応、走って行ったんですね。

そうしたら新幹線が数分遅れていて、私が乗車した直後に出発するという奇跡。

私の人生って、本当にそういう幸運の連続なのです。


一人さんはいつも、「**自分の人生は喜劇と同じ**」と言います。

どういう意味かというと、自分に起きた出来事をどう受け止めるかで、間違いなく、その次の瞬間の世界は変わるということ。

私がなぜいつもツイてるのか。

それは我慢せず、軽い考えで生きているからです。

好きなことを楽しんで、「なんとかなる」といつも笑っていると、本当にどこまでも運はよくなります。


ここで質問です。

あなたは、神社でおみくじを引きました。

開けてみると、なんと大凶です。

さて、あなたはどう思いますか？

おそらく多くのかたは、「大凶だなんて最悪だ」と思うのではないでしょうか。


でも私だったら、笑いながらみんなに見せます（笑）。

「今でもこんなに運がいいのに、まだ大凶なんだって〜♪」

今ですら大凶ということは、この先どれだけいいことが起きるんだろうって。

もちろん、大吉が出たら「やっぱり私は運がいい」と大喜びしますし、中吉や小吉だとしたら「まだまだ私は運がよくなるのね♪」です。

何が出ようと、私にとっては全部ラッキーになる。

だからおみくじは、私にとっては、何が出ても楽しいレジャーなのです。

俺は、俺の生き方をするから成功する

時々、こんなご相談を受けます。

「占いで『悪いことが起きる』と言われました。どうしたら不運を避けられますか？」

こういう場合は、まず言われた内容に踊らされないことが大切です。

占いではいろんなアドバイスをされますが、不安になったり怖くなったりするような言葉はスルーするのが一番。

一切受け取らないようにしましょう。

不安や怖れでいっぱいになると、あなたからはネガティブな波動が出るだけ。

そうすれば、怖れていたことが本当に現実になってしまいます。

でも、自分が必要な情報、言われて嬉しい言葉だけを受け取って楽しい波動を出していれば、悪いことなど起きるはずがありません。

だから自分に都合のいい情報だけを信じたらいいのです。

そもそも、どんなに優秀な占い師さんでも、間違うことはあるのですから。


実は一人さんも昔「どうしても見せて欲しい」と頼まれ、手相を見せたらこんなことを言われたそうです。

「あなたは一生お金を持てない」

その時、一人さんは、その占い師に笑いながらこう言いました。

「あなたが俺の手相だったらお金を持てないということで、俺だったら、俺のこの手相で十分だ。成功して豊かになるから」

起きることすべてを明るく楽しく考えられたら、人生はいくらでも幸せになる

し、どんな環境でも豊かになる。

これが、一人さんの生き方なんですよね。

そしてそう思い込んでいる一人さんからは、誰よりも明るい波動が出ます。

だから本当に、豊かで幸せな人生になっているわけです。

占い師に「一生お金を持てない」と言われたのに、その言葉を完全にひっくり返して、納税日本一にまでなっちゃった（笑）。

本当に、私の師匠は最高です！

コラム

人は何度も生まれ変わりながら成長する

昔、一人さんから教わった話があります。

古代インドのある町に、子どもを病気で亡くした母親がいました。

その女性は我が子の死が受け入れられず、亡くなった子をいつまでも抱きしめたまま、「子どもが病気なんです。薬をください」と、町中を歩き回りました。

その姿を見たお釈迦様は、母親にこう告げます。

「町中の家を回って、ケシ（薬用植物）の種を探してきなさい。ただし、これまでに一人も死者を出したことのない家でもらったものでなければならないよ」

母親は、条件通りのケシの種が手に入れば、子どもの病気が治る薬をつくってもらえると喜び、すぐにあちこちの家を訪ね回りました。

ところがどの家に行っても、「おじいちゃんが昨年亡くなったよ」「うちも子どもを亡くしたんです」などと言われるばかりで、過去に1人も死者を出したことがない家は見つかりません。

そうこうするうちに、母親は気づくのです。

人は誰もが、愛する人の死を受け入れながら生きているのだと。

もしかしたらその子は、お母さんが「家族を亡くした人の気持ち」を学ぶために、早くに亡くなったのかもしれません。

人は何度も生まれ変わっていろいろな人生を経験し、魂を成長させるのです。

すべての出来事には意味があり、それが必要だから起きている。

そう考えると、このお母さんが体験したことは「神はからい」だったのでしょう。

つらいことがあれば、苦しくて悲しくて、どうしようもなく落ち込むことがある。

でも自分の身に起きる出来事を深いところで理解できたら、その苦しみはただの苦しみで終わらず、あなたの魂を成長させる貴重な体験となるのです。

第5章

あなたの軽～い気持ちがユートピアをつくる

背中の光は神様からの「大正解！」

20人ほどの仲間と、神社へ参拝に行った時のこと。

みんなでワイワイ話していたら、通りすがりの知らないおじさんから「うるせぇな！」って叱られちゃったんですね。

神社で騒いでいた私たちが悪いので、すぐに「すみません」と謝りました。

ところがそのおじさん、「派手な格好しやがって。ここの空気を汚すんじゃねぇ、早く帰れ！」なんてひどいことを言ってきたんです。

その瞬間、これは喧嘩を売られたなと（笑）。

騒がしいのを注意されたのは仕方ありません。

でもそのことと、私たちのファッションは関係ない話です。

そこまで言うって、単にそのおじさんの機嫌が悪いだけで、私達のせいじゃない。

明確な悪意にはきちんと対処すべきですから、私もビシッと言い返したのです。

「同じ言葉をあんたに返すよ！　ここの空気を汚してるのはあんたなんだよ。あんたの方がさっさと消えな！」

ごめんなさい、ちょっと言葉が悪いですね（笑）。

でもこの反撃が効いたのか、おじさんもそれ以上は何も言ってきませんでした。

その後、私たちは気を取り直して神様にお参りをしました。

そしてお参りが終わると、私の後ろにいたかたがこう言うのです。

「はなゑさんの背中が、ものすごく光っていました！」

背中が光るくらいですから、私が何か特別なことでもしていたのかなと思うでしょう？

実は、表面的には冷静を装って手を合わせていましたが、私はお参りの最中も、まだムカムカして全然腹の虫がおさまっていなかったのです。

「あのおやじ、めっちゃムカつく！

もっと言い返してやればよかった！　あぁ、全然言い足りない。

自分の機嫌が悪いのを私達に当たるなんて、ほんと最低！」

なんと神様に手を合わせながら、文句を言いまくっていた（笑）。


だけど私は自分の怒りを吐き出しながら、あることに気づいたのです。

その場でガツンと言い返したにもかかわらず、私の怒りはなかなか鎮まらなかった。

ということは、もしあの場で言い返していなかったら、どれだけ嫌な気持ちを引きずっただろうって。

世の中の優しい人たちは、いったいどれほどのモヤモヤを抱えながら生きているんだろうと思ったのです。

やっぱり、意地悪をされた時はこちらも強く出て、相手にナメられないように
しなきゃいけないんだ。

そのことを改めて悟ったから、神様が、

「大正解!」

という合図をしてくれた。

それが背中の光だったのではないでしょうか。


もっと楽しいことをしなきゃいけない。

我慢しちゃいけない。

嫌な人にはガツンと言い返さなきゃいけない。

スカッと生きなきゃいけない。

そのことをもっとみんなに伝えたら、たくさんの人が救われるからね。

私は大きくなった背中の光（オーラ）を、そんな神様からのメッセージだと解釈しています。

嫌なおじさんは神はからい

それにしても、あのタイミングで嫌なおじさんが出てきたということは、何か意味があるような気がしてなりません。

私が思うに、おそらく一緒にいた仲間の中に、

「嫌なことを言われたら、ちゃんと言い返さなきゃいけない」

という学びが必要な人がいたのでしょう。

だとしたら、あのおじさんは神はからいで出てきたんじゃないかなって。

そもそも私は、今までの人生で、誰かに怒鳴られた経験がほとんどないんですよね。

もしかしたらあったかもしれませんが、記憶としてはまったくない。

どんなに怒りっぽい人でも、なぜか私にだけは優しいのです（笑）。

そんな私にあれほど嫌な人が出てくるなんて、どう考えてもおかしい。

あれはきっと、**神様がおじさんに乗り移って、あえて私に嫌なことを言ったのでしょう。**

おじさんの本心ではなく、無意識のうちに神様に言わされただけ。

その証拠に、その後みんなで遊びに行った先では、「みなさんおしゃれですね」「すごく素敵！」って褒められ続けたんですね。

もし私たちのファッションがおかしかったのであれば、行く先々でこんなに褒められるはずがありません。

それに私自身、あれほど腹の立つ出来事だったにもかかわらず、今はもうおじさんの顔すら覚えていないのです。

どこかでもう1回会っても、絶対にわからない（笑）。

同じように、おじさんも私のことを覚えていないでしょう。


神様は、「言っちゃいけない」「怒っちゃいけない」なんて言いません。

モヤモヤする相手には、

「ガツンと言っちゃえ〜」

「やっつけちゃえ〜」

って、子どもみたいに無邪気なのです。

だから「言い返したら相手に悪い」なんて我慢しなくていいんです。

そんな我慢はしちゃいけないのです。

それが日本の神様です。

そのことがよくわかるエピソードがあります。

ある女性は、私の講演会にいらっしゃったのをきっかけに、威張りん坊の旦那さんから主導権を奪還しました（笑）。

ところがしばらくすると、一度は大人しくなった旦那さんの威張りん坊グセが、また出始めたのです。

女性が心のどこかで、「私はこんなに強く出ていいのかな？」と思ってしまったから、その心のグラつきが、また旦那さんを威張りん坊にしかけたんですね。

途中でグラつくと、相手につけ入るすきを与えるだけですから、強く出るべき場面では、とことん強く出なきゃいけません。

そこで奥さんはどうしたかというと、旦那さんがキレて「離婚だ！」と言ってきた時に、もっと強い口調でガツンとやり返した。

「こっちも同じだよ！　離婚だ！」

どうなったと思います？

その旦那さん、急にシュンとなって「すいません……」だって（笑）。

こうしてその旦那さんの威張りん坊の芽は完全に摘み取られ、今では旦那さんはさらに機嫌よく、夫婦仲よく幸せに暮らしているそうです。

感情のセンサーにぶ厚い汚れが……

世の中には、褒められるとすごく嫌がる人がいます。

「きれいですね」と褒められているのに、「お世辞ばっかり言わないで！」と嫌な顔をする。

相手はあなたを可愛いと思って「バカだなぁ」と言っているのに、それを真に受けて本気で落ち込む。

そういう人って、自分に自信がないんですよね。

自分が褒められるはずがないという、ネガティブな思い込みがある。

だから、相手が本心で「きれいですね」と言ってくれているのに、捻じ曲げて受け止めてしまうわけです。

これは、「感情のセンサー」に汚れがたくさんくっついているのが原因です。

感情のセンサーというのは、自分の中にある、喜怒哀楽を感知する神経みたいなもの。

このセンサーがきれいな人は、いろいろな感情を豊かに受け取れます。

でもセンサーが汚れると、嬉しい、楽しい、ワクワク、幸せといった明るい感情に鈍くなる。

怒りや憎しみ、悲しみ、疑念、苦しみなどのネガティブな感情ばかり強く受け取るようになってしまうのです。

ネガティブな感情は重いのです。

地球には重力があって、重いものほど下に落ちるという法則があります。

軽いものは、ふわふわと宙に浮きますよね？

心の中もそれと同じなんです。

明るい感情は軽いから、ふわ〜っと浮く。

暗い感情はその反対ですから、ズーンと重く、下に落ちてヘドロのようにセンサーにまとわりつきます。


もちろん、生きていれば誰だって嫌な気持ちになることはあります。

何かの拍子に、ネガティブな感情がセンサーにくっついてしまうこともある。

でも**すぐに明るい考えに切り替えたら、センサーの汚れは簡単に取れます**。

それをいつまでも嫌な気分を引きずるから、汚れがこびりつき、どんどん分厚くなっていくんですよね。

感情のセンサーに汚れがこびりつけばつくほど、あなたが受け取るのはネガティブな感情オンリーになります。

汚れにはばまれて明るい感情をキャッチする隙間がなくなるからです。

そうすると、どれだけ幸せなことが起きても、あなたは幸せを感じられません。

小さな動物や赤ちゃんを見ても、少しも可愛いと思えない。

楽しいと思えることが何ひとつない。

誰からも愛されていると思えない。

そんなふうに、どんどん暗い世界に落ち込んでいくばかりなのです。

重い思いを吐き出して捨てる

感情のセンサーが汚れたままでいると、これまで我慢してきたことや怒りを、無意識のうちに再現しようとします。

目の前にいる人を使って、もっと自分に我慢させたり、怒りを感じさせたりするんですね。

そして、その思いを爆発させようとします。爆発させて、センサーを掃除したいのです。

センサーに汚れがたまっていると、相手がどんなに本心から褒めても、悪く受け止めます。

相手に悪気はないのに、いじめられたと思い込む。

あるいは、目の前にいる人の機嫌が悪いと、自分が相手の機嫌を損ねているのだと落ち込んだりします。

何もかも、ネガティブな感情というフィルターを通すことでしか感じられません。

そんなことを続けていると、相手もあなたのネガティブな波動に共鳴し、わざと嫌な言動に出てくるわけです。


でも感情のセンサーがきれいになると、誰でも明るい感情を取り戻せます。

ワクワク楽しい本当の自分を思い出した人は、もちろん波動もよくなります。

じゃあ、どうすれば感情のセンサーをお掃除できるのか。

それは「**重い思いを吐き出す**」ことです。

自分の中にあるゴミは、吐き出して捨てるしかありません。


そもそも、心の中の汚れはどうしてくっついたのかというと、子どものころからの勘違いだったりするんですね。

みんな小さい時から、「もっと人のことを考えなさい」「人に迷惑をかけちゃダメだよ」と教わりますよね?

自分が我慢してでも、人に尽くすよう教え込まれる。

そして「もっとがんばりなさい」「もっと我慢しなさい」「もっと○○しなさい」と言われ続ける。

でも我慢するたびにあなたは苦しくなり、その苦しみが心の汚れとなって蓄積されるのです。

しかも厄介なのは、「いい人」ほど心の汚れをため込むという点。

思いやりのある優しい人は、誰かに嫌なことを言われても我慢しがちです。

私みたいにその場で言い返せたらストレスもたまらないのですが（笑）、優しい人はそれができず、我慢することでどんどん汚れをため込んでしまいます。

それなのに、まさか自分が汚れをため込んでいるとは思いもしない。

根がいい人なだけに、「バカヤロー」とか「クソジジィ（クソババア）」みたいな重い感情がたまっていることに、ほとんどの人は気がついていないんですよね。

でも誰にだって、そういう黒い感情はあるもの。

だから私は、講演会で心の汚れを吐き出すための時間を設けています。

汚れがこびりついているという自覚のない人でも、とにかく大声で

「バカヤロー!」

「クソジジィ（クソババア）!」

って叫んでもらいます。

そうすると、汚れが言葉に共鳴して少しずつゆるみ、やがてポロっとはがれ落ちる。

「バカヤロー」と叫べば、そこにあるバカヤローと同じ振動数の汚れが浄化されるわけです。

大笑いで「バカヤローー!」「クソジジィ!」

大声で「バカヤローー!」「クソジジィ（クソババア）!」なんて叫ぶって、私

の講演会はどんなに暗いのかと思われるかもしれません（笑）。

でも、暗いどころかその真逆。

みんな口では毒のある言葉を吐きますが、顔は大笑いなんです。

もちろん、怒り狂った怖ろしい笑顔じゃないですよ（笑）。

本当に楽しんでいる時の、爽やかな大笑いです。

先日なんて、10代の兄弟が講演会にきてくれて、「クソババア、死ね！」「クソオヤジ、お前も浮気くらいしてみろ！」って（笑）。

私はその子たちのご両親を知っているので、もう大爆笑でした。


バカヤローとかクソジジィ（クソババア）って、ものすごい地獄言葉（自分や相手を不幸にするような言葉）だと思いがちですよね。

でも、邪気なく大笑いしながら叫ぶと、地獄言葉ではなくなるんです。

地獄どころか、叫べば叫ぶほどその場が天国になります。

なぜなら、愛を込めて叫ぶから。

心の汚れを捨てる目的でその言葉を選んだだけで、本心からの地獄言葉ではない。

だから自分も相手も、その場所も、浄化されてすごくきれいになるのです。

もっと言うと、自分のご先祖様やソウルメイト、過去の自分まで浄化されます。

こういう楽しい場所には、龍神様がいっぱい遊びにきてくれますから、

「もっと言っちゃえ！」

「どんどんきれいにしちゃいな〜」

「後は任せて！」

って応援もしてくれます。

暗い顔で地獄言葉を口にすると、自分自身もその場所も、恨みの波動で満たさ

れてしまいます。

でも楽しく笑いながら言えば、どんな言葉でもすべて浄化されます。

というか私の先導がハチャメチャに明るいので、そもそも暗くなりようがないんですよね（笑）。

実は私、これをやり始めてからすごく肌が白くなったんです。このままいくと透明になっちゃうんじゃない？　ってくらい（笑）。

きっと、それだけみんなの心がクリーンになっているという証なのでしょう。

感情のセンサーがきれいになると愛の嵐が起きる

感情のセンサーにくっついていた汚れが、きれいに取れました。

そうすると何が起きるかというと、汚れが落ちた瞬間、あなたの中にはとてつもなく大きな愛が生まれます。というより、もうすでにそこにあった愛を感じるんです。

例えば、本人は気づいていないけれど、心のどこかで母親に愛されていないという思いをずっと抱えてきた人がいるとします。

そういう人に、ただのセリフだと思いながらでもいいから「バカヤロー！」「クソババァ！」って叫んでもらうと、愛されていなかったという悲しみや怒りが取り去られます。

するとその瞬間、すっかり忘れていた母親に愛されていた記憶があふれてきて、親の愛を強く感じるわけです。

一瞬にして、自分は愛されていたんだという気づきが起こる。

それまでずっとシャットアウトしてきた愛を急に感じるわけですから、その感動たるや大変な衝撃です。

何のフィルターもなく、ただただ深い愛がダイレクトに伝わってくる。

ずっと求めていた愛を知った感動。

そして、やっと自分をわかってあげられたという喜び。

そんな愛の嵐が巻き起こり、涙があふれて止まらなくなるのです。

本当の愛を知ったあなたからは、もちろん愛の波動があふれ出します。

その波動があなたにどんな未来をもたらすかは……ぜひあなた自身で体験し、確かめてくださいね。

これからはみんなでユートピアをつくる時代

とにかく我慢しちゃダメだよ。

それは一人さんの教えの柱ですが、我慢といっても、それが自分の好きなことなら決して悪いものではありません。

例えば私の場合、おしゃれのためだったら、少しくらい暑くても寒くても我慢しちゃうんですね（笑）。
暑さや寒さを我慢してでも、着たい服があるから。
昔、「おしゃれは我慢」と言った人がいます。
その言葉通り、おしゃれって我慢が必要な場面がいっぱいある。
でもそういう我慢だったら、自分を苦しめません。
おしゃれという明確な目的があって、その目的を果たすことが自分の幸せだから。

おしゃれのための我慢は、「楽しい我慢」なんですよね。

でも、楽しくないことで我慢をするのは間違いです。
一人さんが否定するのは、この「楽しくない我慢」です。
楽しくない我慢は、自分の波動を重くするだけ。
誰もトクしないどころか損するだけですから、一刻も早くやめるべきですよね。

好きなことをしている人ほどうまくいくのがこの世の法則。

嫌なことを我慢し続けてはいけないのです。


我慢をやめて幸せになった人は、その明るく楽しい波動で、今度は自分の大切な人を幸せにします。というより、あなたの波動でまわりの人が勝手に幸せの世界にワープします。

奥さん（旦那さん）や子どもが幸せになる。

会社の同僚が幸せになる。

友人が幸せになる。

あなた1人が我慢をやめるだけで、あなたの周りの人はみんな幸せの世界にいく。

そうやってあなたの波動にふれて幸せの世界に行った人は、また別の場所で、ほかの人を幸せにします。

あちこちで、加速度的に幸せの輪が広がっていく。
幸せの波動になっていく。
幸せの世界にワープしていく。
この世界をユートピアにするには、実はこの方法が一番早いんですよね。
そして、これが本当のアセンションではないかと私は思っています。

1人の救世主が世界を救う時代は、もう終わりました。
これからは、大勢の力で世界の波動を底上げし、みんなで幸せになっていく時代。

その先導役となる強い光が、一人さんの教えと、一人さんの道なのです。
その光を少しでも遠くまで伝えられるよう、私自身もこれからますます学びを深め、ワクワク楽しい、明るい光「一人道」を広めていきたいと思っています。

最後までお読みくださり、本当にありがとうございます。

あなたや、あなたの大切な人が、豊かでハッピーな人生を手に入れられることを祈って――。

お師匠さんからの「おわりに」

この本は何とも不思議で楽しい本です。
ときどきこういう世界にふれると生きる喜びがわいてきます。

斎藤一人

著者プロフィール

舛岡はなゑ（ますおか　はなゑ）

斎藤一人さんの名代。実業家。

東京都江戸川区生まれ。自ら開いた喫茶店「十夢想家」で一人さんと出会い、事業家に転身し、大成功を収める。一人さんの教えである「本当の自分に気づき、幸せで豊かに生きる知恵」を実際に体験できる、今までにない楽しい「妄想ワーク」や「美開運メイク」を開発。講演会や執筆を通じ、一人さんの教えをたくさんの人に伝えている。

著書に『斎藤一人　白光の戦士』（PHP研究所）、『斎藤一人　奇跡を起こす「大丈夫」の法則』、一人さんとの共著に『斎藤一人　最強運のつかみ方』『人にもお金にも愛される美開運メイク』『斎藤一人　龍が味方する生き方』（以上、マキノ出版）などがある。

斎藤一人さんとお弟子さんなどのサイト

斎藤一人さん公式ブログ

https://ameblo.jp/saitou-hitori-official

一人さんが毎日あなたのために、ついてる言葉を、
日替わりで載せてくれます。ぜひ遊びにきてください。

斎藤一人公式ツイッター

https://twitter.com/O4Wr8uAizHerEWj

右のQRコードを読み込むか、
上のURLからアクセスできます。
ぜひフォローしてください。

舛岡はなゑ公式ブログ ……… https://ameblo.jp/tsuki-4978/
インスタグラム ……… https://www.instagram.com/masuoka_hanae
YouTube ……… https://www.youtube.com/channel/UCW0yCWYcWWbP4tq6_qW0QAA

柴村恵美子さんのブログ ……… http://s.ameblo.jp/tuiteru-emiko/
ホームページ ……… http://shibamuraemiko.com

みっちゃん先生のブログ ……… https://ameblo.jp/genbu-m4900
インスタグラム ……… https://instagram.com/mitsuchiyan_4900

宮本真由美さんのブログ ……… http://s.ameblo.jp/mm4900/

千葉純一さんのブログ ……… http://s.ameblo.jp/chiba4900/

宇野信行さんのブログ ……… https://ameblo.jp/nobuyuki4499

尾形幸弘さんのブログ ……… https://ameblo.jp/mukarayu-ogata/

一人さんファンなら、一生に一度はやってみたい

「八《はち》大《だい》龍《りゅう》王《おう》参り」

ハンコを10個集める楽しいお参りです。
10個集めるのに約7分でできます。

無料

場所： 一人さんファンクラブ

JR新小岩駅南口アーケード街徒歩7分
年中無休(開店時間10：00～19：00)
東京都葛飾区新小岩1-54-5　03-3654-4949

斎藤一人 銀座まるかん オフィスはなゑ

一人さんファンクラブから徒歩30秒
祝祭日休み(開店時間 10:00～19:00)
東京都江戸川区松島3-15-7
ファミーユ冨士久ビル1F　03-5879-4925

商売繁盛　健康祈願　合格祈願　就職祈願　恋愛祈願　金運祈願

一人さんが
素晴らしい波動を入れてくださった絵が、
宮城県の定義山 西方寺に
飾られています。

仙台市青葉区大倉字上下1　Kids' Space　龍の間

勢至菩薩様は
みっちゃん先生をイメージ

聡明に物事を判断し、冷静に考える力、智慧とやさしさをイメージして描かれました。寄り添う龍は、『緑龍』。地球に根を張る樹木のように、その地を守り、成長、発展を手助けしてくれる龍のイメージで描かれています。

阿弥陀如来様は
一人さんのイメージ

海のように全てを受け入れる深い愛と、全てを浄化して癒すというイメージです。又、阿弥陀様は海を渡られて来たということでこのような画になりました。

寄り添う龍は、豊かさを運んで下さる『八大龍王様』が描かれています。

観音菩薩様は
はなゑ社長のイメージ

慈悲深く力強くもある優しい愛で人々を救って下さるイメージです。

寄り添う龍は、溢れる愛と生きる力強さ、エネルギーのある『桃龍』が描かれています。愛を与える力、誕生、感謝の心を運んでくれる龍です。

斎藤一人
ハッピー・ワープ!
楽しく笑って生きれば家族も仲間も次元上昇する

2020年9月21日　初版発行
2020年10月21日　第2刷発行

著者／舛岡はなゑ

構成／古田尚子
編集／高比良育美
装幀・本文デザイン／鈴木 学

発行者／今井博揮

発行所／株式会社ライトワーカー
TEL 03-6427-6268　FAX 03-6450-5978
E-mail info@lightworker.co.jp
ホームページ https://www.lightworker.co.jp

発売所／株式会社ナチュラルスピリット
〒101-0051 東京都千代田区神田神保町3-2 高橋ビル2階
TEL 03-6450-5938　FAX 03-6450-5978

印刷所／シナノ印刷株式会社

ISBN978-4-909298-11-9 C0095